中国华能
CHINA HUANENG

U0564038

**7S**管理规范手册系列

# 7S

# 新能源发电企业
# 管理规范手册

华能新能源股份有限公司蒙西分公司
深圳市立正管理咨询有限公司 编著

中国电力出版社
CHINA ELECTRIC POWER PRESS

## 内 容 提 要

7S 管理是一套科学、完整、进步的管理理念，是企业夯实管理基础、提升管理水平的重要抓手。

本书为《新能源发电企业 7S 管理规范手册》，按照通用性、可操作性的原则，详细介绍了新能源发电企业环境、电器设施、消防设施等 7S 管理通用规范，安全警示、工器具摆放、看板管理等 7S 管理专项规范，公共区域、生活区域、仓库区域、生产区域、输配电设备区域、风力发电机组区域、储能设备区域、光伏设备区域等 7S 管理规范，并整合汇总了新能源发电企业 7S 管理实施办法及 7S 管理评分标准。书中针对各项规范，分别阐述了其应用对象及规范要求，并配有大量示范图解和实际案例。

本书借鉴了新能源发电企业 7S 管理的优秀经验和做法，可作为新能源发电企业各级管理者及员工加强 7S 知识学习、执行 7S 标准、抓好现场 7S 管理工作的参考用书。

### 图书在版编目（CIP）数据

新能源发电企业 7S 管理规范手册 / 华能新能源股份有限公司蒙西分公司，深圳市立正管理咨询有限公司编著. —北京：中国电力出版社，2024.1
（7S 管理规范手册系列）
ISBN 978-7-5198-8405-5

Ⅰ.①新… Ⅱ.①华…②深… Ⅲ.①新能源—发电厂—工业企业管理—管理规范—中国—手册 Ⅳ.① F426.61-62

中国国家版本馆 CIP 数据核字（2023）第 224268 号

---

出版发行：中国电力出版社
地　　址：北京市东城区北京站西街 19 号（邮政编码 100005）
网　　址：http://www.cepp.sgcc.com.cn
责任编辑：刘汝青（010−63412382）　安小丹
责任校对：黄　蓓　郝军燕
装帧设计：张俊霞
责任印制：吴　迪

---

印　　刷：北京九天鸿程印刷有限责任公司
版　　次：2024 年 1 月第一版
印　　次：2024 年 1 月北京第一次印刷
开　　本：710 毫米 ×1000 毫米　16 开本
印　　张：15
字　　数：209 千字
印　　数：0001—3000 册
定　　价：98.00 元

---

# 《新能源发电企业 7S 管理规范手册》

# 编委会

## 技术顾问

赵志远　孟祥东

## 主　编

卢引承

## 副主编

崔　巍　丁展鹏

## 编写人员

| | | | | | |
|---|---|---|---|---|---|
| 赵凤伟 | 岳彩桥 | 杨金祥 | 吕井波 | 范建文 | 彭锁龙 |
| 纪　辉 | 吕福元 | 王海肖 | 赵亚雄 | 杨文欢 | 张哨生 |
| 冯镜龙 | 张　鑫 | 吴志鹏 | 卢国柱 | 刘文琪 | 付佃林 |
| 张　维 | 吕月飞 | 白利军 | 王健丞 | 那　钦 | 田瑞忠 |
| 杨小龙 | 任振江 | 裴　越 | 王诚智 | 史　祥 | 郑永魁 |
| 李　靖 | 吕东恒 | 黄崇东 | 闫庆坤 | 王国庆 | 闫腾飞 |
| 焦　铤 | 吉　凯 | 孙福元 | 斯琴德力根 | | |

随着新能源电力不断发展，越来越多的大型新能源基地不断形成，对项目建设及场站运维的管理要求日益提高，新能源发电企业面临的内外部环境发生了新的变化，对企业安全生产、成本控制和内部管理提出了更高的要求。7S管理自引入电力行业以来，以其"科学、先进、投入少、见效快"的优势，迅速被发电企业接受和推广。在新能源发电企业推行7S管理，是全面深化改革、持续推进管理创新的重要工作举措，是新能源发电企业夯实管理基础、提升管理水平的重要抓手。

新能源场站7S管理不可能一蹴而就，需要企业以坚定不移的决心长期坚持下去，不断深化对现场7S管理理念的理解，加强对现场7S管理方法的应用，提高自己的工作效率。

本书是结合国家标准及行业标准要求，并借鉴国内外 7S 管理的优秀经验和做法编写而成的。按照通用性、可操作性的原则，本书详细介绍了新能源发电企业环境、电器设施、消防设施等 7S 管理通用规范，安全警示、工器具摆放、看板管理等 7S 管理专项规范，公共区域、生活区域、仓库区域、生产区域、输配电设备区域、风力发电机组区域、储能设备区域、光伏设备区域等 7S 管理规范。书中针对各项规范，分别阐述了其应用对象及规范要求，并配有大量示范图解和实际案例。其中规范要求的标准类型分为强制和建议两种，强制标准是国家标准和行业标准中有明确要求的，建议标准可根据企业的实际情况进行调整。

希望本书中好的做法能激发新能源发电企业员工的 7S 思维模式，在此基础上促进发挥员工的创造力，通过 7S 管理和持续改善，将 7S 管理理念融入企业经营的各个环节中，更好地保障企业安全生产、改善现场环境、提高工作效率、提升员工素养，并对助力企业强基固本、提升企业经济效益、树立企业良好形象起到推动作用。

限于作者水平，书中难免存在疏漏和不足之处，恳请各位读者谅解并提出宝贵的建议。

编 者

2023 年 11 月

# 目录

CONTENTS

# 1
## PART

7S 管理通用规范

## 1.1 7S色彩规范

### 1.1.1 安全色

安全色定义为传递安全信息含义的颜色，包括红色、黄色、蓝色、绿色四种颜色。

| 颜色 | 图示 | 颜色表征 |
|---|---|---|
| 红色 | | 传递禁止、停止、危险或提示消防设备、设施的信息 |
| 黄色 | | 传递注意、警示的信息 |
| 蓝色 | | 传递必须遵守规定的指令性信息 |
| 绿色 | | 传递安全的提示性信息 |

### 1.1.2 对比色

对比色定义为使安全色更加醒目的反衬色，包括黑色、白色两种颜色。

| 颜色 | 图示 | 颜色表征 |
|---|---|---|
| 黑色 | | 用于安全标志的文字、图形符号和警示标志的几何边框 |
| 白色 | | 用于安全标志中红色、蓝色、绿色的背景色，也可用于安全标志的文字和图形符号 |

安全色与对比色同时使用时，应符合搭配使用要求。

| 安全色 | | 对比色 | |
|---|---|---|---|
| 红色 | | 白色 | |
| 黄色 | | 黑色 | |
| 蓝色 | | 白色 | |
| 绿色 | | 白色 | |

为了视觉表达强烈，通常也采用安全色与对比色的相间条纹。相间条纹为等宽条纹，倾斜 45°，可以采用色带、色条等形式体现。

| （1） | 图示 |  |
| --- | --- | --- |
| | 类型 | 红色与白色相间条纹 |
| | 定义 | 表示禁止的安全标志 |
| （2） | 图示 |  |
| | 类型 | 黄色与黑色相间条纹 |
| | 定义 | 表示危险位置的安全标记 |
| （3） | 图示 |  |
| | 类型 | 蓝色与白色相间条纹 |
| | 定义 | 表示指令的安全标记，传递必须遵守规定的信息 |
| （4） | 图示 |  |
| | 类型 | 绿色与白色相间条纹 |
| | 定义 | 表示安全环境的安全标记 |

## 1.1.3  7S 色彩应用

7S 管理活动中，一般会用到红色、黄色、绿色、白色这四种颜色。每种颜色在满足安全色的应用规范要求的前提下，在不同应用场景选择不同的色彩。

| 颜色 | 实例 | 应用场景 |
| --- | --- | --- |
| 红色 | | 应用于各种禁止标志、转动部位防护罩、交通禁令标志、消防设施标志、高温 / 高压区域画线、机械的停止、急停按钮标志、报废区域等 |
| 黄色 | | 应用于各种警告标志、通道边线、防踏空画线、区域画线等 |
| 绿色 | | 应用于各种提示标志、厂房的安全通道、机械启动按钮等 |
| 白色 | | 应用于厂区道路画线 |

## 1.2 区域画线规范

### 1.2.1 画线应用

| 序号 | 名称 | 图例 | 线宽 | 应用 |
|---|---|---|---|---|
| 1 | 黄色实线 | | 100mm | （1）主通道线边线。<br>（2）生产区域设备定置 |
| | | | 50mm | （1）区域划分线。<br>（2）实验室/仓库物品定置 |
| | | | 10mm | 台面、货架物品定位 |
| 2 | 红色实线 | | 50mm/100mm | 报废区、危险区、高温区、禁止进入区域 |
| 3 | 斜黄黑相间颜色线 | | 50mm~100mm<br>等间距45°斜度 | 警示区域，如地面突起物、易碰撞处、设备机座的围堰、盖板的需要警示的区域 |
| 4 | 黄黑相间颜色线 | | 50mm~100mm<br>等间距90° | 警示区域，如路肩石、转角处、工字钢/圆柱等需要警示的区域 |
| 5 | 白色线 | | 150mm | 车道线 |
| | | | 120mm | 车位线 |

## 1.2.2　区域线

**应用对象**

适用于设备、柜类设备的安全区域线。

**规范要求**

**标准类型：**强制标准。

**材　　料：**黄色马路漆或地胶带。

**规　　格：**线宽 50mm。

**要　　求：**距离设备或柜类四周边缘 200mm~500mm（具体根据现场实际情况制定）。

**示范图解**

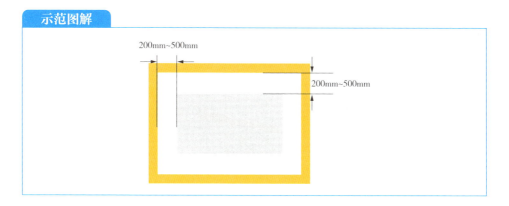

**实际案例**

### 1.2.3　通道线

**应用对象**

适用于生产现场、仓库、设备间等区域的通道边线。

**规范要求**

**标准类型：**强制标准。

**材　　料：**黄色油漆或地胶带。

**规　　格：**

（1）通道边线线宽 80mm~100mm 为宜。

（2）通道靠近墙侧时，距离墙面 120mm~200mm 为宜。

**示范图解**

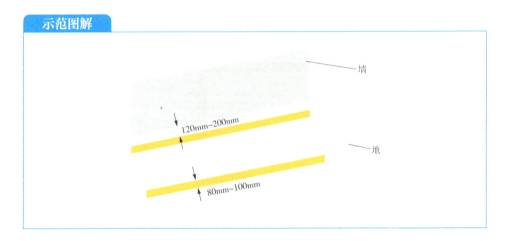

**实际案例**

## 1.3 物品定置管理规范

### 1.3.1 移动物品定置

**应用对象**

适用于推车等带有轮子且经常移动的设备（不含消防设施）。

**规范要求**

**标准类型：** 强制标准。

**材　　料：** 黄色油漆或地胶带。

**规　　格：** 线宽 50mm。

**要　　求：**

（1）采用实线框定位，物品出口的边线中间开口，标注箭头，用以明示移动式物品使用时的出口处。

（2）应用箭头标注物品移出方向，箭头前端开口宽度为全宽度的 1/3。

**示范图解**

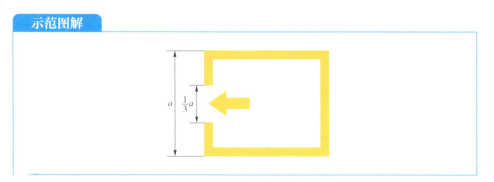

**实际案例**

## 1.3.2 非移动物品定置

### 应用对象

适用于不能移动或不经常移动的电器、设备、物品等（不含消防设施）。

### 规范要求

**标准类型：**强制标准。

**材　　料：**黄色油漆或地胶带。

**规　　格：**线宽 50mm，直角边长 150mm。

**要　　求：**

（1）视实际情况可以采用实线框或四角定位线等形式对物品进行定位。

（2）设备或物品四周边缘距离定位线 50mm。

### 示范图解

四周定位　　　　　　　　　　　　　四角定位

### 实际案例

### 1.3.3 桌面隐形定位

**应用对象**

适用于桌面放置的笔筒、电话机、水杯等小物品。

**规范要求**

**标准类型：** 建议标准。

**材　　料：** 耐磨防水 PVC＋背胶。

**规　　格：** 直径为 30mm 的圆形定位贴。

**要　　求：**

（1）浅色桌面可用蓝色底白色图案或透明底黑色图案。

（2）深色桌面可用透明底白色图案。

（3）粘贴在需定位物品正下方。

**示范图解**

 茶杯　　 电话机　　 台历　　 笔筒　　鼠标

**实际案例**

### 1.3.4 桌面四角定位

**应用对象**

适用于桌面上打印机、裁纸机等大型物品定位。

**规范要求**

**标准类型：** 建议标准。

**材　　料：** 耐磨防水 PVC + 背胶。

**规　　格：** 线宽 10mm，直角边长 30mm。

**要　　求：**

（1）可根据需求定义颜色，同区域内颜色统一即可。

（2）四角定位贴内边缘距离物品 30mm。

**示范图解**

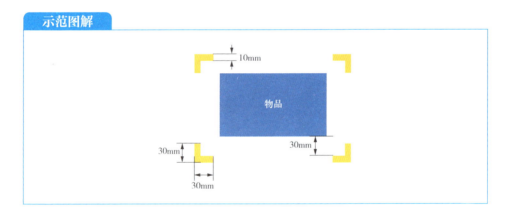

**实际案例**

# 1.4  厂房设施通用规范

## 1.4.1  天花板

**应用对象**

适用于生产厂房、办公楼、生活楼等天花板。

**规范要求**

**标准类型：**建议标准。

**要　　求：**

（1）天花板颜色和谐统一。

（2）天花板保持干净，无脏污，没有无关悬挂物。

（3）天花板无渗漏，无脱落、掉漆。

**实际案例**

## 1.4.2 地面

应用对象

适用于所有地面。

**规范要求**

**标准类型：** 建议标准。

**要　　求：**

（1）地面平整，无破损。

（2）地面干净，无垃圾，无污水，无随意摆放物品。

（3）地面有高度落差或凸起时，应设置黄色防止踏空线或黄黑相间防绊线。

---

**实际案例**

### 1.4.3  墙面

**应用对象**

适用于生产厂房、办公楼、生活楼等墙面。

**规范要求**

**标准类型：** 建议标准。

**要　　求：**

（1）无蛛网、灰尘，无受潮、发霉、脱落、破损。

（2）地面干净，无垃圾，无污水，无随意摆放物品。

（3）墙面无渗水，无手印、脚印，无陈旧标语痕迹。

（4）墙面宣传挂画、标语、宣传看板等无破损脏污。

**实际案例**

### 1.4.4 窗户

**应用对象**

适用于生产厂房、办公楼、生活楼等窗户。

**规范要求**

**标准类型：**建议标准。

**要　　求：**

（1）窗户结构完好，无损坏和锈蚀。

（2）窗户及纱窗无灰尘，无污渍，无破损。

（3）窗台禁止放无关杂物。

（4）窗帘无污渍，无破损，定期清洗。

**实际案例**

### 1.4.5　门

**应用对象**

适用于生产区域、办公区域、生活区域开关门。

**规范要求**

**标准类型：** 建议标准。

**材　　料：** 3mm 厚亚克力板。

**规　　格：** 100mm（长）×100mm（宽），可根据实际情况调整。

**要　　求：** 门把手上方 20mm~50mm，可根据实际情况调整，同一区域统一。

**示范图解**

**实际案例**

### 1.4.6  照明设备

**应用对象**

适用于生产区域、办公区域、生活区域等照明设备。

**规范要求**

**标准类型：** 建议标准。

**要　　求：**

（1）照明充足，无死角，照明灯具无损坏。

（2）照明设备无电气部件裸露，灯罩无积尘、飞虫。

**实际案例**

## 1.5 电器设施通用规范

### 1.5.1 照明开关

**应用对象**

适用于生产区域、办公区域、生活区域的照明开关。

**规范要求**

**标准类型：** 建议标准。

**材　　料：** 透明底黑字色带、标签打印机。

**规　　格：** 色带宽度为 12mm，可根据实际情况调整。

**要　　求：** 明确各开关所控制的对象。非正常安装时，要注明开关方向、双开开关信息；多个开关时，可用示意图来标识。

**示范图解**

**实际案例**

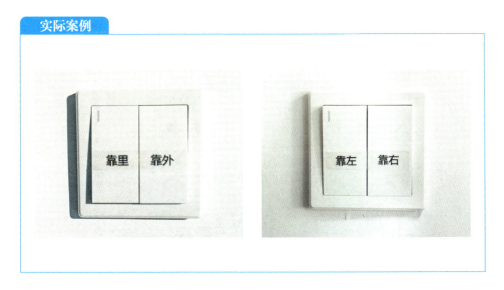

### 1.5.2　电源插座

**应用对象**

适用于生产区域、办公区域、生活区域的电源插座。

**规范要求**

**标准类型：** 建议标准。

**材　　料：** 透明底黑字色带、标签打印机。

**规　　格：** 60mm（长）×12mm（宽），可根据实际情况调整。

**要　　求：** 内容包含额定电压、额定电流、上级开关编号，额定电压、额定电流标签粘贴在插座正上方，上级开关编号标签粘贴在插座正下方，标签上、下边缘紧贴开关、插座边缘。

**示范图解**

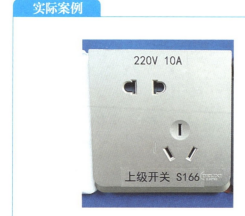

**实际案例**

### 1.5.3  电源控制箱

**应用对象**

适用于所有区域的电源控制箱。

**规范要求**

**标准类型：** 强制标准。

**材　　料：** 黄色底黑字色带、标签打印机。

**规　　格：** 60mm（长）×12mm（宽），可根据实际情况调整。

**要　　求：**

（1）电源控制箱盖完好无损，无不必要张贴物。

（2）空气开关下粘贴空气开关名称标签，名称与控制区域对应。

（3）电源控制箱柜内空气开关等元器件标识清楚、醒目，显示区、操作区分区明确。

（4）电源控制箱有明确的标识标牌，标明控制区域名称、编号等，字迹工整、醒目。

**实际案例**

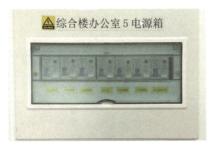
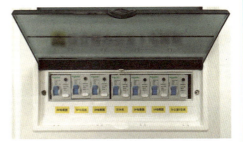

### 1.5.4  接地装置

**应用对象**

适用于生产区域、办公区域、生活区域接地扁铁。

**规范要求**

**标准类型：** 强制标准。

**材　　料：** 黄色、绿色油漆。

**规　　格：** 黄绿相间，线宽为 15mm~100mm。

**要　　求：** 接地装置按要求刷接地装置警示线。

**示范图解**

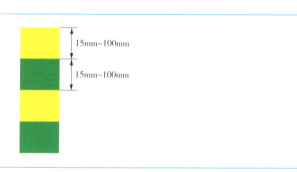

15mm~100mm

15mm~100mm

**实际案例**

# 1.6 消防设施通用规范

## 1.6.1 消火栓定位

**应用对象**

适用于生产区域、办公区域、生活区域的消火栓定位。

**规范要求**

**标准类型：**强制标准。

**材　　料：**黄色、黑色地胶带或油漆。

**规　　格：**定位区域为消火栓墙面凸出部分，垂直投影向前延 150mm。阻塞线采用由左下向右上侧呈 45° 的黄色斜线区域（或黄色、黑色线区域），宽度为 50mm，间距为 50mm。

**要　　求：**有阻塞隐患的消火栓画阻塞线，没有阻塞隐患的消火栓不用画阻塞线。

**实际案例**

## 1.6.2　消火栓标识

**应用对象**

适用于生产区域、办公区域、生活区域的消火栓标识。

**规范要求**

**标准类型：** 强制标准。

**材　　料：** PVC 贴纸。

**规　　格：** 根据消火栓尺寸确定。

**内　　容：** 使用方法、火警电话、注意事项。

**实际案例**

### 1.6.3　灭火器定位

**应用对象**

适用于生产区域、办公区域、生活区域的灭火器定位。

**规范要求**

**标准类型：**强制标准。

**材　　料：**黄色油漆或地胶带。

**规　　格：**阻塞线采用由左下向右上侧呈 45° 的黄、黑色线，宽度为 50mm，间距 50mm。

**要　　求：**有阻塞隐患的消火栓画阻塞线，没有阻塞隐患的消火栓不用画阻塞线。

**示范图解**

**实际案例**

## 1.6.4 灭火器标识

**应用对象**

适用于生产区域、办公区域、生活区域的灭火器。

**规范要求**

**标准类型：** 强制标准。

**材　　料：** 3mm 厚亚克力板。

**规　　格：** 根据实际情况制作。

**内　　容：** 使用方法、火警电话、注意事项。

**示范图解**

**实际案例**

### 1.6.5　灭火器巡检卡

**应用对象**

适用于生产区域、办公区域、生活区域所有灭火器。

**规范要求**

**标准类型：** 强制标准。

**材　　料：** 3mm 厚亚克力卡槽、巡检卡。

**规　　格：** 6寸，可根据实际情况调整。

**内　　容：** 灭火器检查部件、检查日期等。将卡片插入卡套中挂放在相应灭火器的上方，需在每月定期巡检消防设施，并签字确认。

**示范图解**

| | | | | | 灭火器检查卡 | | |
|---|---|---|---|---|---|---|---|
| 次数 | 检查日期 | 瓶体 | 把手 | 喷嘴 | 保险销 | 压力/重量 | 检查人 |
| 1 | 2023.01.15 | | | | | | |
| 2 | 2023.02.15 | | | | | | |
| 3 | 2023.03.15 | | | | | | |
| 4 | 2023.04.15 | | | | | | |
| 5 | 2023.05.15 | | | | | | |
| 6 | 2023.06.15 | | | | | | |
| 7 | 2023.07.15 | | | | | | |
| 8 | 2023.08.15 | | | | | | |
| 9 | 2023.09.15 | | | | | | |
| 10 | 2023.10.15 | | | | | | |
| 11 | 2023.11.15 | | | | | | |
| 12 | 2023.12.15 | | | | | | |

备注：如检查到灭火器有异常，应立即进行更换或检修；检查情况正常打"√"异常打"×"

**实际案例**

### 1.6.6  消防沙箱定位

**应用对象**

适用于生产区域的消防沙箱。

**规范要求**

**标准类型：** 强制标准。

**材　　料：** 黄色油漆或地胶带。

**规　　格：** 线宽 50mm。

**要　　求：** 消防沙箱必须配备消防锹、消防桶等；必须明确标识，周围无阻碍物，紧急时使用便捷。

**实际案例**

## 1.6.7 消防平面布置图

### 应用对象

适用于生活区域消防设施布置目视化。

### 规范要求

**标准类型：** 强制标准。

**材　　料：** 3mm 厚亚克力板。

**规　　格：** 可根据实际情况调整。

**内　　容：** 消防设施平面布局图、灭火器及消火栓放置位置等。

### 实际案例

## 1.6.8  消防紧急疏散集合点

**应用对象**

适用于紧急疏散集合点。

**规范要求**

**标准类型：** 强制标准。

**材　　料：** 铝板 + 反光膜。

**规　　格：** 850mm（高）×560mm（宽），可根据实际情况调整。

**内　　容：** 紧急疏散集合点图标、名称。

**实际案例**

# 2
PART

7S 管理专项规范

新能源发电企业
管理规范手册

## 2.1 安全警示规范

### 2.1.1 安全警示标志的使用

**应用对象**

适用于所有警告、禁止、指令、提示标志。

**规范要求**

**标准类型：** 强制标准。

**材　　料：** 铝板覆膜或 PVC 印刷。

**规　　格：** 根据观察距离来选择安全警示标志的尺寸。注意所选的尺寸为安全标志的尺寸，不是框线及标牌的外形尺寸。

**安全标志的尺寸**　　　　　　　　　　　　单位：m

| 序号 | 观察距离 $L$ | 图形标志的外径 | 三角形标志的外边长 | 正方形标志的边长 |
|------|------------|--------------|------------------|----------------|
| 1 | $0 < L < 2.5$ | 0.070 | 0.088 | 0.063 |
| 2 | $2.5 < L < 4.0$ | 0.110 | 0.142 | 0.100 |
| 3 | $4.0 < L < 6.3$ | 0.175 | 0.220 | 0.160 |
| 4 | $6.3 < L < 10.0$ | 0.280 | 0.350 | 0.250 |
| 5 | $10.0 < L < 16.0$ | 0.450 | 0.560 | 0.400 |
| 6 | $16.0 < L < 25.0$ | 0.700 | 0.880 | 0.630 |
| 7 | $25.0 < L < 40.0$ | 1.110 | 1.400 | 1.000 |

**注**　允许有 3% 的误差。

**颜　　色：** 警告标志为黄色，禁止标志为红色，指令标志为蓝色，提示标志为绿色。

**内　　容：** 根据现场需要设置安全警示标志。

**要　　求：**

（1）安全标志的设置：

1）安全标志应设置在与安全有关的明显地方，并保证人们有足够的时间注意其所表示的内容。

2）设立于某一特定位置的安全标志应安装牢固，保证其自身不会产生危险，所有的标志均应具有坚实的结构。

3）当安全标志被置于墙壁或其他现存的结构上时，背景色应与标志上的主色形成对比色。

4）对于那些所显示的信息已经无用的安全标志，应立即从设置位置卸下，这对于警示特殊的临时性危险的标志尤为重要，否则会干扰观察者，导致其对其他有用标志的忽视。

5）多个标志牌在一起设置时，应按警告、禁止、指令、提示类型的顺序，先左后右、先上后下排列。确保标志牌大小一致、整齐规范，避免单个散乱地布置。

（2）安全标志的安装：

1）安装时首先要考虑标志的安装位置不可存在对人的危害。

2）确保标志安装位置对所有的观察者都能清晰易读。

3）通常标志应安装在此观察者水平视线稍高一点的位置，1.6m 是比较合适的高度，但特殊情况则根据实际需求置于其他适当的水平位置。

4）通常危险和警告标志应设置在危险源前方足够远处，以保证观察者在首次看到标志及注意到此危险时有充足的时间做出预控措施，但这一距离可随不同情况而变化。例如，警告不要接触开关或其他电气设备的标志，应设置在它们近旁；而场区或运输道路上的标志，应设置于危险区域前方足够远的位置，以保证在到达危险区之前就可观察到此种警告，从而有所准备。

5）标志不应设置于移动物体上，例如门，因为物体位置的任何变化都会造成观察者对标志观察变得模糊不清。

6）已安装好的标志不应被任意移动，除非位置的变化有益于标志的警示作用。

## 2.1.2　井盖警示

**应用对象**

适用于电缆、污水、消防等井盖。

**规范要求**

**标准类型：** 建议标准。

**材　　料：** 黄色、黑色、红色、绿色油漆。

**规　　格：** 黄漆刷隔离线，绿漆刷雨水井，黑漆刷污水井，红漆刷消防井，45° 黄黑 100mm 相间警示线刷方形污水井。

**位　　置：** 雨水井、污水井、消防井盖上。

**实际案例**

### 2.1.3　固定梯子警示

**应用对象**

适用于设备顶部平台、天顶天棚等固定梯子。

**规范要求**

**标准类型：**强制标准。

**材　　料：**黄色、黑色油漆。

**颜　　色：**固定梯子腰部涂刷黄黑相间警示线。

**要　　求：**

（1）安装固定梯子的宽度为 400mm 以上。

（2）必要时增加安全围栏，直径在 600mm 以上。

（3）禁止攀登的爬梯需加"禁止攀登"警示标志。

**实际案例**

## 2.1.4　防小动物板防撞线

### 应用对象

适用于设备间应急出口等随时可能出入区域。

### 规范要求

**标准类型：** 强制标准。

**材　　料：** 黄黑色 50mm 宽胶带。

**位　　置：** 配电设备间出入口。

**方　　法：** 确定尺寸，做好标记线，粘贴胶带。

### 实际案例

### 2.1.5　墙角墩柱防撞线

**应用对象**

适用于柱子、墙角、突出建筑物、工程钢等容易造成碰撞的区域。

**规范要求**

**标准类型：**强制标准。

**材　　料：**黄色、黑色油漆。

**要　　求：**

（1）以画黄色、黑色相间油漆线（黄黑斑马线）为原则来标示危险区域。黄色线与黑色线宽度比例为1∶1。

（2）如果被涂刷物的涂刷面为平面、轮廓清晰，则线倾斜角度为45°；如果涂刷面为弧面、曲面，则线倾斜角度为0°。

（3）黄黑线宽为100mm，涂刷高度为1500mm；如果墩柱高度小于1500mm，则全部涂刷。

**示范图解**

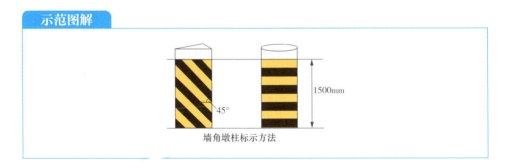

墙角墩柱标示方法

**实际案例**

## 2.1.6 通道上方防撞警示线

**应用对象**

适用于道路上方有管、线、门楣，容易被人、车、物碰到的位置。

**规范要求**

**标准类型：** 强制标准。

**材　　料：** 黄色、黑色油漆。

**规　　格：** 线宽 100mm。

**要　　求：** 在通道上方障碍物上沿两面设置限高警示标识，黄黑相间警示线倾斜 45° 角。

**示范图解**

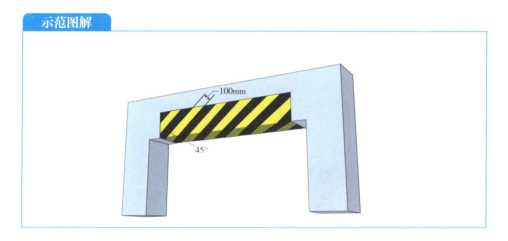

**实际案例**

### 2.1.7　楼梯台阶防踏空线

**应用对象**

适用于所有楼梯。

**规范要求**

**标准类型：** 强制标准。

**材　　料：** 油漆或楼梯防滑胶条。

**规　　格：** 长度与台阶长度一致，宽度根据台阶深度选择 50mm~100mm。

**要　　求：** 楼梯的第一级台阶和最后一级台阶的边缘刷成黄色，线的宽度为 50mm~100mm。

**示范图解**

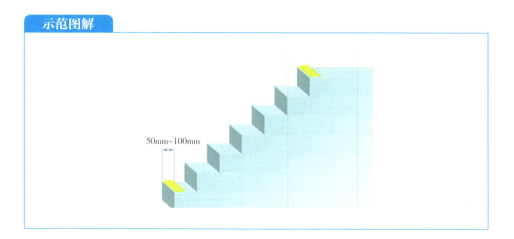

**实际案例**

### 2.1.8　路肩石防撞警示线

**应用对象**

适用于路肩石、路边突出部位。

**规范要求**

**标准类型：**强制标准。

**材　　料：**黄色、黑色油漆。

**要　　求：**

（1）提醒车辆、推车过往时，避免发生碰撞。

（2）根据要求与现场实际情况涂刷。

（3）在防撞墩上用黄色、黑色油漆涂刷黄黑相间的警示线。

（4）每段黄色与黑色宽度比例为 1∶1。

**实际案例**

### 2.1.9  危险物品警示

**应用对象**

适用于易燃、易爆等化学物质及其保管场所，对出入人员及其环境有潜在安全影响的有毒物质及其保管场所。

**规范要求**

**标准类型：** 强制标准。

**材　　料：** 铝板或 PVC 板。

**要　　求：**

（1）规格为 480mm（长）×360mm（宽），可根据实际情况调整。

（2）明确危险物品的内容和警示图案。

（3）标示牌应贴附在保管危险物品的显眼位置或出入口正面。

**实际案例**

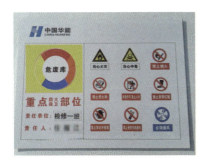

## 2.2 工器具摆放规范

### 2.2.1 工器具放置

**应用对象**

适用于各种工器具、备件等。

**规范要求**

**标准类型：**建议标准。

**材　　料：**珍珠棉、信息卡。

**要　　求：**

（1）工器具、备件摆放整齐、有序，竖看成线，左右对齐、间隔明显。

（2）用珍珠棉将工器具定位，并标明名称、数量。

**实际案例**

## 2.2.2 可悬挂式工具摆放

**应用对象**

适用于带有可以悬挂的孔、钩、套索等的工具类。

**规范要求**

**标准类型：** 建议标准。

**材　　料：** 工具挂板、专用挂钩。

**要　　求：**

（1）按照工具形状和大小及布置面积量身设置工具挂板。

（2）在每个工具存放位置上贴上工具标识。

**示范图解**

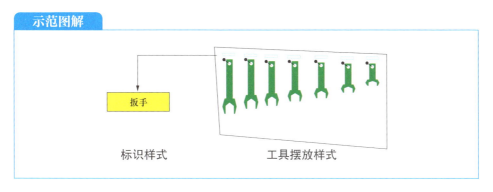

标识样式　　　　　　　　　　工具摆放样式

**实际案例**

### 2.2.3 安全工器具摆放

**应用对象**

适用于各种安全工器具等。

**规范要求**

**标准类型：** 建议标准。

**要　　求：**

（1）安全工器具应在通风良好、清洁干燥的专用库房存放。

（2）安全工器具应做到分类放置、摆放整齐，并在工器具柜内标明工器具名称、数量。

（3）绝缘手套、绝缘靴应单独存放，不得与其他工器具混放。

（4）安全工器具应设专人管理，按名称、数量、试验周期为主要内容建立台账，并严格执行安全工器具管理制度，做到账、物、卡相符。

（5）安全工器具专用仓库的湿度超过规定时，应及时进行烘干。

**实际案例**

### 2.2.4 清洁工具摆放

**应用对象**

适用于各种清洁用扫把、拖布等。

**规范要求**

**标准类型：** 建议标准。

**要　　求：**

（1）清洁工具基本管理原则是离地吊挂管理。

（2）可根据情况制作适合的竖立式保管架或在墙面挂放。

（3）在保管架放置区域附上工具清单，并标明管理部门和责任人。

（4）在每个工具存放位置处贴上名称标识。

（5）潮湿的工具摆放时需在其下方放置接水槽，墙面挂放区域要做防水防污处理。

**实际案例**

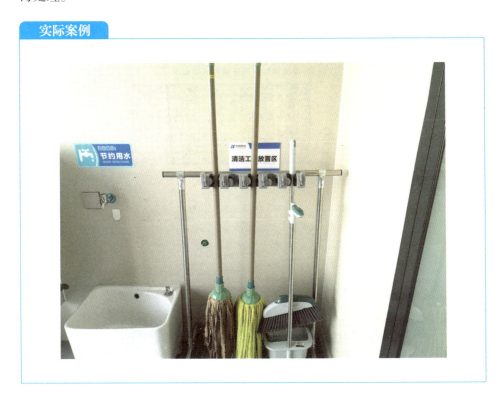

## 2.3 看板管理规范

### 2.3.1 室外宣传看板

**应用对象**

适用于场站入口处。

**规范要求**

**标准类型：**建议标准。

**材　　料：**PVC 发泡板。

**规　　格：**根据现场实际情况确定。

**要　　求：**版面设计要求整体横平竖直，局部设计可以灵活多变，适当
美化。

**实际案例**

### 2.3.2 入场须知看板

**应用对象**

适用于场站入口处。

**规范要求**

**标准类型：** 建议标准。

**材　　料：** 不锈钢外框。

**规　　格：** 2400mm（长）×1200mm（宽），支撑管直径 100mm，顶部需加雨棚，根据实际情况进行调整。

**内　　容：** 企业 logo、场站管理规范、四色安全风险分布图及安全疏散图等。

**实际案例**

### 2.3.3 班组文化看板

**应用对象**

适用于班组办公室。

**规范要求**

**标准类型：** 建议标准。

**材　　料：** 10mm 厚雪弗板 + 3mm 厚亚克力板。

**规　　格：** 根据办公墙面整体设计。

**内　　容：** 班组简介、工作职责、团队介绍、员工风采、工作计划、人才育成、安全管理等。

**实际案例**

### 2.3.4　企业文化看板

**应用对象**

适用于场站办公楼。

**规范要求**

**标准类型：**建议标准。

**材　　料：**10mm 厚雪弗板 + 3mm 厚亚克力板。

**内　　容：**企业 logo、企业文化等，根据实际情况自行调整。

**实际案例**

### 2.3.5 安全管理看板

**应用对象**

适用于场站办公楼走廊。

**规范要求**

**标准类型：** 建议标准。

**材　　料：** 10mm 厚雪弗板 +3mm 厚亚克力板。

**规　　格：** 根据实际情况整体设计。

**内　　容：** 安全生产责任制、安全宣传等。

**实际案例**

### 2.3.6　员工风采看板

**应用对象**

适用于员工宿舍楼走廊。

**规范要求**

**标准类型：**建议标准。

**材　　料：**10mm 厚雪弗板 +3mm 厚亚克力板。

**规　　格：**根据实际情况合理选择。

**内　　容：**员工简介、员工照片、企业 logo 等，突出企业文化及班组特色。

**实际案例**

### 2.3.7　组织机构看板

**应用对象**

适用于场站办公楼走廊。

**规范要求**

**标准类型：**建议标准。

**材　　料：**双层透明 3mm 厚亚克力板。

**规　　格：**850mm（高）×650mm（宽），根据实际情况合理选择。

**要　　求：**内容要突出企业自身特点，根据实际情况进行排版制作。

**实际案例**

# 3

## PART

公共区域 7S 管理规范

7S 新能源发电企业
管理规范手册

# 3.1 厂区环境区域

## 3.1.1 设备区大门

**应用对象**

适用于设备区大门。

**规范要求**

**标准类型：** 建议标准。

**材　　料：** 黄色地坪漆、3mm厚亚克力板。

**规　　格：** 100mm宽防阻塞线、30mm×50mm亚克力入口标识、20mm×30mm限高限速标识。

**位　　置：** 生产区域入口。

**实际案例**

## 3.1.2　入场安全管理看板

**应用对象**

适用于有安全管理要求的场所。

**规范要求**

**标准类型：**强制标准。

**材　　料：**10mm 厚雪弗板 +3mm 厚亚克力板。

**规　　格：**1900mm（长）×1100mm（宽）。

**内　　容：**进站安全要求、着装对照检查、安全警示标识、进站注意事项。

**实际案例**

### 3.1.3 企业文化标语

**应用对象**

适用于企业文化标语。

**规范要求**

**标准类型：** 建议标准。

**材　　料：** 10mm 厚雪弗板 +UV 彩印。

**规　　格：** 1000mm（长）×1000mm（宽），具体参考实际情况。

**实际案例**

### 3.1.4　户外巡视路线标识

**应用对象**

适用于厂区户外巡视路线标识。

**规范要求**

**标准类型：**建议标准。

**材　　料：**黄色、绿色油漆及美纹纸胶带。

**规　　格：**500mm（高）×200mm（宽）。

**示范图解**

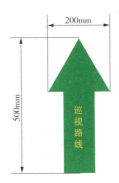

**实际案例**

### 3.1.5　室内巡视路线标识

**应用对象**

适用于配电室等室内巡视路线标识。

**规范要求**

**标准类型：**建议标准。

**材　　料：**PVC 反光膜贴纸。

**规　　格：**300mm（高）×150mm（宽）。

**实际案例**

### 3.1.6　停车场

**应用对象**

适用于停车场。

**规范要求**

**标准类型：**建议标准。

**材　　料：**白色地坪漆。

**规　　格：**车位线宽 120mm，具体规模参考实际情况。

**实际案例**

## 3.1.7 排水口

**应用对象**

适用于排水口。

**规范要求**

**标准类型：**建议标准。

**材　　料：**黄色地坪漆。

**规　　格：**线宽 50mm。

**要　　求：**在距离排水口盖板边缘 20mm 处，涂刷黄色隔离线。

**实际案例**

## 3.2 综合办公区域

### 3.2.1 整体环境

**应用对象**

适用于办公室。

**规范要求**

**标准类型：** 建议标准。

**要　　求：**

（1）办公设施满足办公功能要求，保证合理性、实用性，照明设施齐全，照明强度舒适。

（2）办公室整体布局完整统一、协调，张贴平面布置图。

（3）办公区舒适、洁净，地面、墙面、门窗、天花板无积尘，无污垢。

**实际案例**

### 3.2.2　办公桌

适用于办公室内所有办公桌。

**标准类型：** 建议标准。

**要　　求：**

（1）非工作状态下，桌面整齐干净，物品放置横平竖直。

（2）电脑显示器、打印机等采用四角定位方式定置。

（3）线束全部采用束线管进行整理。

**实际案例**

### 3.2.3　办公抽屉

**应用对象**

适用于所有办公室内办公桌抽屉。

**规范要求**

**标准类型：**建议标准。

**材　　料：**抽屉隔板（净色、表面光滑）。

**规　　格：**建议使用 5mm 厚、60mm 高可拼接式抽屉隔板，抽屉隔板尺寸可根据实际情况进行调整、裁剪。

**示范图解**

**实际案例**

### 3.2.4 物品定位

**应用对象**

适用于办公区域等地点大件物品的定位。

**规范要求**

**标准类型：**建议标准。

**材　　料：**PVC 磨砂定位贴（黄色）。

**规　　格：**宽度 20mm，长度 50mm。

**要　　求：**采用四角定位法，其中被定位物品和定位贴的间距应在 10mm（位置已固定的办公桌等设施不需再定位）。

**示范图解**

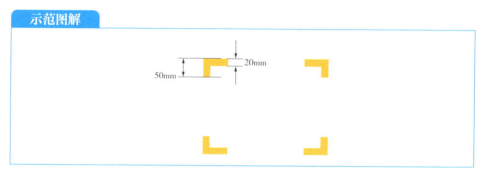

**实际案例**

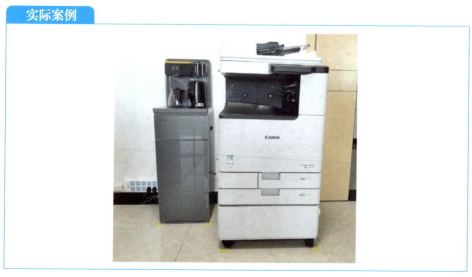

### 3.2.5　门牌标识

**应用对象**

适用于办公区域内所有的门牌。

**规范要求**

**标准类型：**建议标准。

**材　　料：**铝合金＋反光膜。

**规　　格：**350mm（长）×150mm（宽），可根据内容合理调整。

**字　　体：**微软雅黑，字号大小可根据内容合理调整。

**内　　容：**企业 logo、门牌名称。

**实际案例**

### 3.2.6　人员去向牌

适用于多人办公场所。

**标准类型：** 建议标准。

**材　　料：** 3mm 厚亚克力板。

**规　　格：** 参考实际人员数量定制。

**字　　体：** 微软雅黑，字号大小可根据内容合理调整。

**内　　容：** 班组成员姓名、状态。

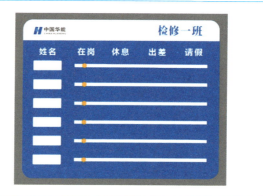

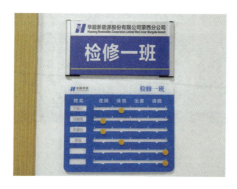

### 3.2.7　人员铭牌

**应用对象**

适用于办公室人员铭牌。

**规范要求**

**标准类型：**建议标准。

**材　　料：**3mm 厚亚克力卡槽。

**规　　格：**参考实际情况制定。

**字　　体：**微软雅黑，字号大小可根据内容合理调整。

**内　　容：**企业 logo、部门名称、成员姓名、岗位等。

**实际案例**

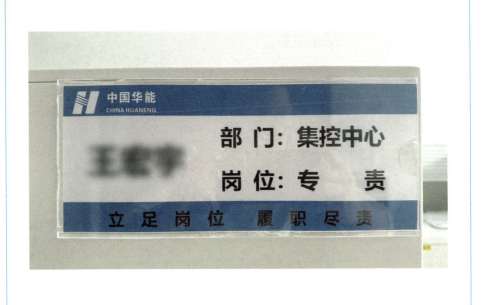

### 3.2.8 柜类管理

**应用对象**

适用于办公区各类物品柜。

**规范要求**

**标准类型：** 建议标准。

**材　　料：** 黄底黑字色带、EPE 珍珠棉。

**规　　格：** 黄底黑字色带为 25mm（长）×12mm（宽），EPE 珍珠棉为 10mm 厚。

**字　　体：** 微软雅黑，字号大小可根据内容合理调整。

**内　　容：** 对凹槽内物品进行名称标注。

**位　　置：** 标识贴于物品放置前方。

**实际案例**

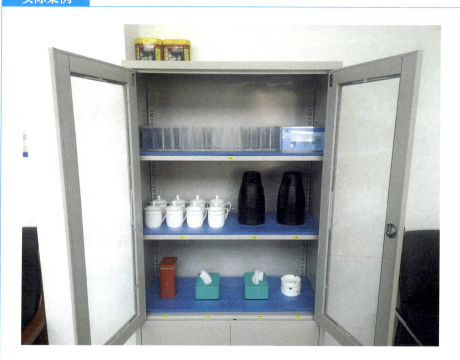

### 3.2.9　文件盒形迹管理

**应用对象**

适用于文件柜内所有文件盒。

**规范要求**

**标准类型：**建议标准。

**材　　料：**A4 打印纸。

**规　　格：**根据文件盒背脊大小调整文字大小及形迹线宽度。

**字　　体：**黑体，字体和字号大小可根据内容合理调整。

**要　　求：**带企业 logo，名称根据文件盒内容填写，编号使用数字（如 001、002、003、……）。

**示范图解**

**实际案例**

### 3.2.10　线束管理

**应用对象**

适用于电器电源线、网线、电话线等。

**规范要求**

**标准类型：**建议标准。

**材　　料：**束线管、标签扎带。

**要　　求：**

（1）插线板不允许放在地面，应在办公桌下方背板处可靠固定。

（2）线按功能进行整理捆扎，横平竖直。

**实际案例**

### 3.2.11　会议室管理

**应用对象**

适用于会议室。

**规范要求**

**标准类型：** 建议标准。

**要　　求：**

（1）会议室应保持干净整洁，会议桌应无杂物，会议椅应摆放整齐。

（2）会议系统应使用四角定位贴进行定位。

（3）电源及信号线应使用束线管、线槽、扎带进行固定。

（4）会议室应张贴管理规定及疏散示意图。

（5）柜内物品应固定收纳，摆放整洁。

**实际案例**

### 3.2.12 玻璃门腰线

**应用对象**

适用于玻璃门防撞腰线。

**规范要求**

**标准类型：**建议标准。

**材　　料：**透明 PVC 磨砂贴。

**规　　格：**700mm（长）×120mm（宽），可以根据具体情况调整。

**内　　容：**企业名称及 logo。

**位　　置：**距离地面 1000mm 以上。

**示范图解**

**实际案例**

### 3.2.13  爬梯防阻塞线

**应用对象**

适用于固定爬梯等。

**规范要求**

**标准类型：**强制标准。

**材　　料：**50mm 宽黄色 3M 胶带。

**规　　格：**由左下向右上呈 45° 黄色斜线区域。

**位　　置：**位于爬梯底部正前方。

**示范图解**

**实际案例**

### 3.2.14　楼梯防踏空线

**应用对象**

适用于所有楼梯。

**规范要求**

**标准类型：** 强制标准。

**材　　料：** 自黏型楼梯防滑条、反光膜。

**规　　格：** 防踏空线宽 100mm，安全生产标语参考实际情况。

**位　　置：** 楼梯第一级台阶和最后一级台阶。

**示范图解**

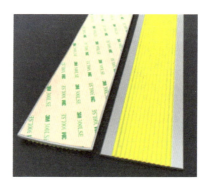

**实际案例**

## 3.2.15  门厅功能柜

**应用对象**

适用于门厅功能柜。

**规范要求**

**标准类型：**建议标准。

**材　　料：**黄色隔离线。

**要　　求：**

（1）柜体使用相应颜色警示。

（2）微型消防站及防爆柜应用黄色隔离线定位，并进行分类。

**实际案例**

# 4
PART

生活区域 7S 管理规范

# 4.1 宿舍区域

## 4.1.1 整体环境

**应用对象**

适用于职工宿舍。

**规范要求**

**标准类型：**建议标准。

**要　　求：**

（1）床面整洁，床上的被褥等物品摆放整齐划一。

（2）地面干净，无卫生死角。

（3）墙面、房门、玻璃等，要保持清洁无尘，无破损。

（4）保持室内及卫生间干净，无异味。

（5）保持桌面清洁，不乱刻乱画，物品整洁，摆放整齐。

**实际案例**

## 4.1.2　物品定置

**应用对象**

适用于宿舍办公桌。

**规范要求**

**标准类型：** 建议标准。

**要　　求：**

（1）桌面整洁，水杯、台灯、电脑等物品摆放整齐有序。

（2）书籍置于书架上，摆放整齐有序。

（3）电源插排置于桌上，电线及各类充电线捋顺且放置整齐有序。

（4）椅子与桌子统一摆放整齐。

**实际案例**

### 4.1.3　内务整理

**应用对象**

适用于宿舍床铺。

**规范要求**

**标准类型：** 建议标准。

**要　　求：**

（1）床铺被子、枕头叠放整齐。

（2）床面保持干净、平整、卫生。

（3）床上、床头及周围物品摆放整齐。

（4）床铺不得随意堆放衣服等其他物品。

**实际案例**

### 4.1.4　衣柜整理

**应用对象**

适用于宿舍衣柜。

**规范要求**

**标准类型：** 建议标准。

**要　　求：**

（1）衣柜内所有衣物使用衣架挂起，严禁随意堆放。

（2）柜内保持整洁，杜绝乱扔乱放。

（3）保持柜内清洁，无异味。

（4）柜面不得涂鸦、粘贴海报。

**实际案例**

### 4.1.5 卫生间环境

**应用对象**

适用于宿舍卫生间。

**规范要求**

**标准类型：** 建议标准。

**要　　求：**

（1）洗手间、浴室及各公共区域，应保持地面干净整洁。

（2）盥洗盆要保持清洁，洗漱用具收纳整洁，镜面保持干净无水渍。

（3）墙壁需张贴冷热标识及节约用水、安全用电等提醒标识。

（4）垃圾桶及时清理。

**实际案例**

## 4.2　食堂区域

### 4.2.1　整体环境

**应用对象**

适用于职工食堂。

**规范要求**

**标准类型：** 建议标准。

**要　　求：**

（1）食堂的布局应合理，并保持足够的间距，便于员工用餐。

（2）应根据就餐人数合理规划用餐区域，避免拥挤现象的发生。

（3）食堂的装修应简洁、明亮，色彩搭配协调，营造舒适宜人的用餐环境。

（4）墙面、地板等装修材料应具有防滑、易清洁的特性，以确保食堂的卫生和安全。

（5）食堂应定期进行彻底清洁消毒，保持环境清新、干净。

（6）餐具应经过严格洗涤和消毒处理，确保食品安全。

（7）食堂内设置垃圾桶，并定期清理，避免垃圾满溢，影响环境卫生。

**实际案例**

## 4.2.2 间隔线

**应用对象**

适用于洗手池、餐柜、打饭区等。

**规范要求**

**标准类型：**建议标准。

**材　　料：**50mm 宽黄色胶带或 3M 反光贴。

**要　　求：**

（1）餐厅各区域应以 50mm 宽黄色胶带进行隔离定位。

（2）为避免拥挤，应在用餐排队区域张贴 3M 反光贴，用于安全距离分隔线。

**实际案例**

### 4.2.3　餐桌

**应用对象**

适用于食堂餐桌。

**规范要求**

**标准类型：**建议标准。

**材　　料：**PVC 磨砂定位贴（黄色）。

**要　　求：**

（1）应保持餐桌干净整洁，不得乱扔食物残渣或餐具。

（2）餐桌调料、纸巾等应进行四角定位，并及时更换补充。

**实际案例**

### 4.2.4 自助区

**应用对象**

适用于用餐自助区。

**规范要求**

**标准类型：**建议标准。

**材　　料：**3mm 厚亚克力板。

**要　　求：**自助区域应分类划分，例如主食区、荤菜区等。

**实际案例**

### 4.2.5　厨房

**应用对象**

适用于厨房。

**规范要求**

**标准类型：** 建议标准。

**要　　求：**

（1）厨房卫生应保持干净整洁，空气清新无异味，垃圾桶定时清理。

（2）厨具应保持干净，规范收纳。

（3）保鲜柜应分类摆放，划分区域。

（4）厨房应张贴岗位职责及管理规定。

（5）厨房电器应安装剩余电流动作保护器，电源线使用线槽固定，电源空气开关应标识名称。

**实际案例**

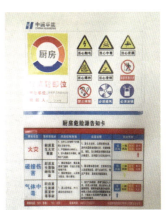

## 4.2.6　食堂文化墙

**应用对象**

适用于食堂文化墙。

**规范要求**

**标准类型：**建议标准。

**材　　料：**10mm 厚雪弗板 +3mm 厚亚克力板。

**要　　求：**

（1）食堂需定制文化墙，为员工营造良好的用餐氛围，同时提升企业形象。

（2）食堂应制作宣传展板，提倡光盘行动，减少浪费，鼓励员工养成文明用餐的习惯。

（3）食堂应建立完善的管理制度，加强对食堂管理工作的指导和监督。

**实际案例**

### 4.2.7  消毒柜

**应用对象**

适用于消毒柜。

**规范要求**

**标准类型：** 建议标准。

**材　　料：** 标签打印纸。

**要　　求：**

（1）员工餐具应统一，个人餐具张贴本人名字。

（2）柜内餐具应摆放整齐，摆放位置应固定。

（3）消毒柜应定期进行清洁消毒。

**实际案例**

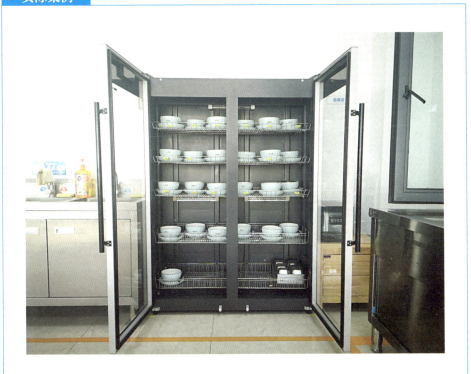

## 4.2.8  储藏室

**应用对象**

适用于储藏室。

**规范要求**

**标准类型：** 建议标准。

**要　　求：**

（1）储物间应保持干净整洁，空气清新无异味，垃圾桶定时清理。

（2）储物架应使用 50mm 宽黄色胶带进行隔离定位。

（3）保鲜柜应分类摆放，划分区域。

（4）储藏货物应使用储物盒进行整理归类，并单独命名。

**实际案例**

## 4.3　洗衣房区域

### 4.3.1　整体环境

**应用对象**

适用于洗衣房。

**规范要求**

**标准类型：** 建议标准。

**要　　求：**

（1）洗衣房应保持清洁、整齐。所用设备器具无生锈、破损现象。

（2）洗衣房内不得使用竹、木制品器具。

（3）洗衣房内不得放置与工作无关的物品。

（4）洗衣房内不得种植花草等植物。

**实际案例**

## 4.3.2　洗衣机

**应用对象**

适用于洗衣机。

**规范要求**

**标准类型：** 建议标准。

**材　　料：** 50mm 宽黄色反光胶带、标签打印纸。

**要　　求：**

（1）洗衣机应使用隔离线定位摆放，禁止随意移动。

（2）洗衣机应按照功能分类，满足职工实际需求。

（3）所有鞋类和硬质物品（如提包等）禁止使用洗衣机洗涤。

（4）洗衣完毕后，使用者应及时提取衣物，禁止在洗衣机内长期存放衣物，以免影响其他人员使用。

**实际案例**

### 4.3.3　晾衣架

**应用对象**

适用于晾衣架。

**规范要求**

**标准类型：**建议标准。

**要　　求：**

（1）晾衣架需采用不锈钢材质。

（2）晾晒衣服、被褥、鞋子要按照规定分类摆放，做到整齐划一。

（3）晾晒衣物应及时收回，并保持晾衣场整洁。

**实际案例**

## 4.3.4 洗衣房管理制度

### 应用对象

适用于洗衣房。

### 规范要求

**标准类型：**建议标准。

**材　　料：**3mm 厚亚克力板。

**规　　格：**780mm（高）×550mm（宽），根据现场实际情况制定。

**位　　置：**洗衣房墙面距离地面 1200mm。

**内　　容：**使用时间、使用要求、安全管理等。

### 实际案例

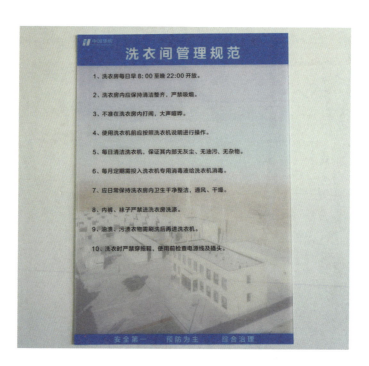

### 4.3.5　卫生角

**应用对象**

适用于卫生角。

**规范要求**

**标准类型：** 建议标准。

**要　　求：**

（1）清扫工具应离地吊挂管理。

（2）垃圾桶完好、外表干净、无污渍，垃圾不得超过垃圾桶高度的1/2，垃圾桶每日清洁一次。

（3）清洁用具整齐摆放，拖把、扫帚等悬挂至放置架上，手套、抹布等悬挂至挂钩上。

**实际案例**

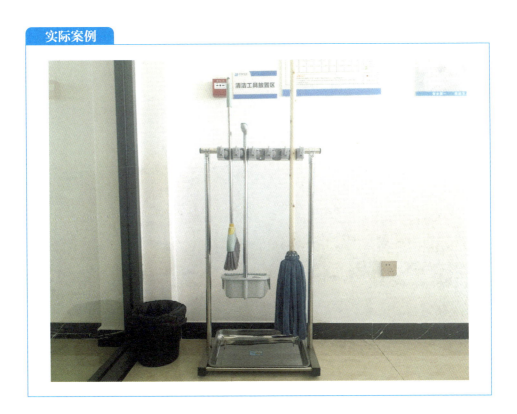

## 4.4 活动室区域

### 4.4.1 整体环境

**应用对象**

适用于活动室。

**规范要求**

**标准类型：** 建议标准。

**要　　求：**

（1）活动室地面干净整洁，空气清新无异味，垃圾桶定时清理。

（2）保持室内整洁、卫生，禁止吸烟，禁止随地吐痰、随地乱扔杂物。

（3）活动室应张贴节约用电、整理器材等提示，例如"离开时请关好门窗、切断电源"。

（4）运动器材周围应用四角定位贴进行定位。

**实际案例**

### 4.4.2 物品摆放

**应用对象**

适用于活动室活动器具摆放。

**规范要求**

**标准类型：** 建议标准。

**材　　料：** 黄底黑字色带、EPE 珍珠棉。

**规　　格：** 黄底黑字色带为 25mm（长）×12mm（宽），EPE 珍珠棉为 10mm 厚。

**字　　体：** 微软雅黑，字号大小可根据内容合理调整。

**内　　容：** 对凹槽内物品进行标识。

**位　　置：** 标识贴于物品前方。

**实际案例**

### 4.4.3　警示标语

**应用对象**

适用于活动室标语。

**规范要求**

**标准类型：**建议标准。

**材　　料：**3mm 厚亚克力板。

**规　　格：**200mm（长）×160mm（宽）。

**内　　容：**活动室"离开五件事"。

**位　　置：**张贴于室内门口明显处。

**实际案例**

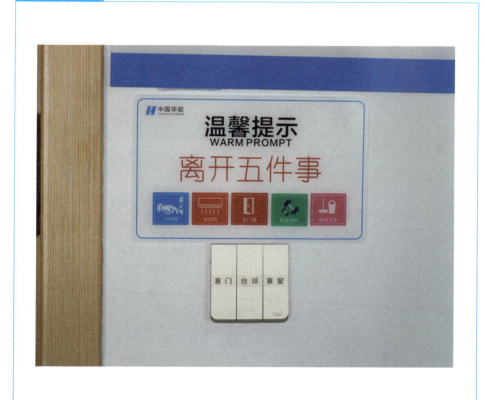

# 4.5 公共卫生间区域

## 4.5.1 门牌标识

**应用对象**

适用于卫生间门牌。

**规范要求**

**标准类型：** 建议标准。

**材　　料：** 3mm 厚亚克力板。

**规　　格：** 300mm（长）×200mm（宽）。

**内　　容：** 企业 logo、图标及名称。

**位　　置：** 张贴于室外门口右侧。

**实际案例**

## 4.5.2　洗手池

应用对象

适用于洗手池。

规范要求

**标准类型：** 建议标准。

**要　　求：**

（1）洗手池台面及镜面应保持干净整洁。

（2）洗手液及纸巾应上墙固定安置。

（3）卫生间应张贴节约用水及冷热水提示标语。

（4）垃圾桶完好、外表干净、无污渍，垃圾不得超过垃圾桶高度的1/2，垃圾桶每日清洁一次。

实际案例

### 4.5.3　公共用品管理

**应用对象**

适用于卫生间洗手液等公共用品。

**规范要求**

**标准类型：** 建议标准。

**要　　求：**

（1）安排专人负责卫生间消耗品的管理，确保各种消耗品存放充足，保持良好状态，及时检查补充。

（2）确定消耗品的使用标准，以保证使用量的合理和节约。

（3）定期对卫生间消耗品进行清洁和维修，保持使用状态。

（4）正确存放消耗品，卫生间内的每一种消耗品都需要有专门的存放地点，避免污染和浪费。

**实际案例**

# 5
## PART

仓库区域 7S 管理规范

# 5.1　仓库整体

## 5.1.1　仓库环境

**应用对象**

适用于仓库。

**规范要求**

**标准类型：**建议标准。

**要　　求：**

（1）仓库应保持清洁、干燥，室内照明完好、照明充足。

（2）物资定期管理，状态可用。

（3）按类别、功能划分区域，标识清晰，定量管理，明确责任人。

（4）精密仪器、仪表、量具应保存在规定温度范围内，同时做好防护措施。

（5）仓库物资按"货架号－层数号"定位原则定位，摆放合理。

（6）物资入库要进行验收，并分类存放上架，做好记录。

**实际案例**

## 5.1.2 仓库标识牌

**应用对象**

适用于仓库标识牌。

**规范要求**

**标准类型：** 建议标准。

**材　　料：** 3mm 厚亚克力板。

**规　　格：** 1080mm（高）×480mm（宽），参考实际情况制定。

**位　　置：** 库房门前左侧墙面，统一高度。

**内　　容：** 企业 logo、库房名称、重点防火部位、危险源告示卡。

**实际案例**

### 5.1.3 防阻塞线

**应用对象**

适用于库房门前防阻塞线。

**规范要求**

**标准类型：** 建议标准。

**材　　料：** 黄色油漆，美纹胶。

**规　　格：** 覆盖库房门前，具体大小参考实际情况。

**位　　置：** 库房门前。

**实际案例**

### 5.1.4 物资储存

适用于收纳箱。

**标准类型：**建议标准。

**材　　料：**HDPE。

**规　　格：**内径［637mm（长）×415mm（宽）×218mm（高）］、外径［675mm（长）×450mm（宽）×230mm（高）］，也可视物资实际尺寸订购。

**颜　　色：**蓝色。

**要　　求：**

（1）备品备件干净整洁，无油污生锈，按规定定期保养，保持性能良好、状态好用，应保持在通风干燥的环境中，24 小时的温差不允许超过 5℃。

（2）橡胶制品切忌接触矿物油、硫化物和水分，保持干燥，有必要的情况下可以在其外表面涂抹一些滑石粉。

（3）有特殊要求的物资，还需要进行遮阴处理，避免风吹日晒。

（4）精密仪器仪表量具应保存在规定温度范围内，放入收纳箱存储。

## 5.1.5 物资摆放

**应用对象**

适用于仓库物资。

**规范要求**

**标准类型：** 建议标准。

**要　　求：**

（1）货架干净，无垃圾、杂物，货架间距不得小于 500mm。

（2）货架物资摆放整齐、有序，竖看成线，左右对齐、间隔明显。

（3）物品数量以 5 的倍数进行排列，便于目视盘点。

（4）货架标识清晰、齐全，便于收发，方便盘点。

（5）大件物资无法上货架，可用塑胶垫或垫板整齐存放于地面，中间设置通道，便于物品拿取或盘点。

（6）物品定期盘点，登记造册，账、物一致。

**实际案例**

 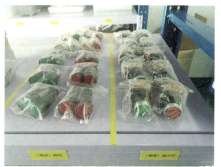

## 5.2　仓库目视化

### 5.2.1　货架尺寸

**应用对象**

适用于物资仓库、备品备件仓库和工具库的货架。

**规范要求**

**标准类型：** 建议标准。

**材　　料：** 通用标准货架。

**规　　格：** 2000mm（长）×600mm（宽）×2000mm（高），根据实际情况调整。

**要　　求：** 货架尺寸、颜色在同区域要一致。

**实际案例**

## 5.2.2 货架定位

适用于货架定位。

**规范要求**

**标准类型：** 建议标准。

**材　　料：** 3M 黄色胶带或黄色地坪漆。

**规　　格：** 线宽 50mm。

**要　　求：** 定位线与物品间距 10mm~30mm。瓷砖用地胶带，水泥地面用地坪油漆。

**实际案例**

### 5.2.3　货架标识

**应用对象**

适用于货架标识。

**规范要求**

**标准类型：**建议标准。

**材　　料：**3mm 厚亚克力板。

**规　　格：**600mm（长）×400mm（宽），根据货架统一调整。

**字　　体：**黑体。

**内　　容：**企业 logo、货架名称、各层物品名称。

**要　　求：**安装在货架靠通道面。

**实际案例**

### 5.2.4　物资物品定置

**应用对象**

适用于库内物资物品。

**规范要求**

**标准类型：**建议标准。

**材　　料：**3M 黄色胶带。

**规　　格：**10mm（宽）。

**要　　求：**根据物品存放面积合理粘贴分区线。

**实际案例**

## 5.2.5　物资信息卡

**应用对象**

适用于物资仓库、备品备件仓库和工具库的物资信息。

**规范要求**

**标准类型：** 建议标准。

**材　　料：** 物资信息卡。

**规　　格：** 可根据货架横梁宽度确定。

**字　　体：** 黑体。

**内　　容：** 库位、物资编号、物资名称 + 型号、数量定额等。

**要　　求：** 安装在对应物品的中间。

**实际案例**

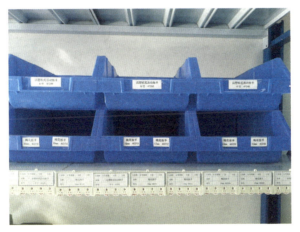

## 5.2.6　工具标识

**应用对象**

适用于仓库中非消耗性物资定置管理。

**规范要求**

**标准类型：** 建议标准。

**材　　料：** 黄底黑字标签色带。

**规　　格：** 物资标识：40mm（长）×12mm（宽）。

**字　　体：** 黑体。

**要　　求：** 粘贴在对应物品的中间。

**实际案例**

钢　锯

角磨机2

# 6
## PART

生产区域 7S 管理规范

# 6.1 控制室

## 6.1.1 整体环境

**应用对象**

适用于控制室的整体环境。

**规范要求**

**标准类型：** 建议标准。

**要　　求：**

（1）整体干净、整洁，地面无积水、积灰、杂物。

（2）区域划分合理，设施及物品定置定位清晰，桌面电脑及键盘应用四角定位贴定位。

（3）人员离开 20min 以上应将椅子归位。

（4）室内应张贴管理规定、一次系统图、岗位职责等。

（5）主控柜内物品应定位摆放，保持整洁。

**实际案例**

### 6.1.2  钥匙柜

**应用对象**

适用于控制室内钥匙柜管理。

**规范要求**

**标准类型：**建议标准。

**规　　格：**通过颜色区分钥匙区域，具体参考实际情况。

**要　　求：**钥匙箱分为外借使用、运行使用、紧急使用三类。

**实际案例**

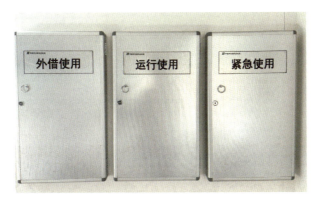

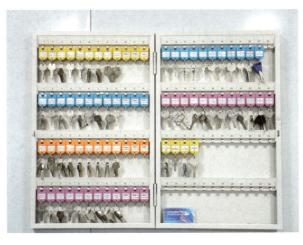

### 6.1.3 物品定置管理

**应用对象**

适用于控制室内文件柜及桌面物品。

**规范要求**

**标准类型：** 建议标准。

**材　　料：** 黄底黑字色带、EPE 珍珠棉。

**规　　格：** 黄底黑字色带为 25mm（长）×12mm（宽），EPE 珍珠棉为 10mm 厚。

**字　　体：** 微软雅黑，字号大小可根据内容合理调整。

**内　　容：** 对凹槽内物品进行名称标注。

**位　　置：** 标识贴于物品正前方。

**实际案例**

## 6.1.4 线缆标识

**应用对象**

适用于控制室各种线缆。

**规范要求**

**标准类型：** 建议标准。

**材　　料：** 黄底黑字标签色带、标签扎带。

**规　　格：** 黄底黑字标签色带为 60mm（长）× 12mm（宽）；标签扎带为 150mm（长）× 4mm（宽）。

**字　　体：** 黑体居中，字号大小可根据内容合理调整。

**要　　求：** 距离电源插头顶端（远离设备端）30mm 处标示。

**实际案例**

### 6.1.5 主控桌面目视化

**应用对象**

适用于控制室电脑。

**规范要求**

**标准类型：** 建议标准。

**材　　料：** 黄底黑字标签色带。

**规　　格：** 60mm（长）×12mm（宽）。

**字　　体：** 黑体居中，字号大小可根据内容合理调整。

**要　　求：** 标明电脑控制对象，并将显示器、键盘、鼠标与其一一对应。

**实际案例**

## 6.2　继电保护室

### 6.2.1　电缆盖板

**应用对象**

适用于继电保护室电缆盖板。

**规范要求**

**标准类型：** 强制标准。

**材　　料：** 黄色、黑色油漆，美纹纸胶带。

**规　　格：** 黄黑相间，间距为 100mm，45° 倾斜。

**方　　法：** 先全部刷黄色，再贴 100mm 间隔的美纹纸胶带，刷黑色条，依次黄黑相间。

**示范图解**

**实际案例**

## 6.2.2 管理制度

**应用对象**

适用于继电保护室管理制度。

**规范要求**

**标准类型：** 建议标准。

**材　　料：** 3mm 厚亚克力板。

**规　　格：** 根据实际情况进行制作。

**内　　容：** 企业 logo、继电保护室的巡检标准、相关标语等。

**实际案例**

### 6.2.3  系统图

**应用对象**

适用于继电保护室系统图。

**规范要求**

**标准类型：**建议标准。

**材　　料：**3mm 厚亚克力板。

**规　　格：**根据实际情况进行制作。

**要　　求：**系统图要与实际运行设备对应，便于检修维护时参考，字迹清晰明了。

**实际案例**

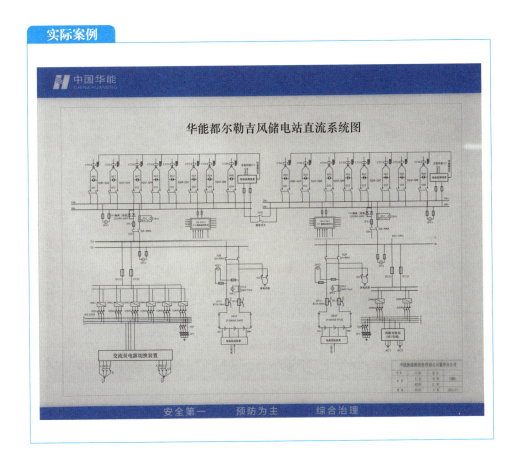

## 6.2.4 巡视路线图

**应用对象**

适用于继电保护室巡视路线图。

**规范要求**

**标准类型：** 建议标准。

**材　　料：** 3mm 厚亚克力板。

**规　　格：** 根据实际情况进行制作。

**内　　容：** 企业 logo、屏柜位置及名称、巡视路线箭头。

**实际案例**

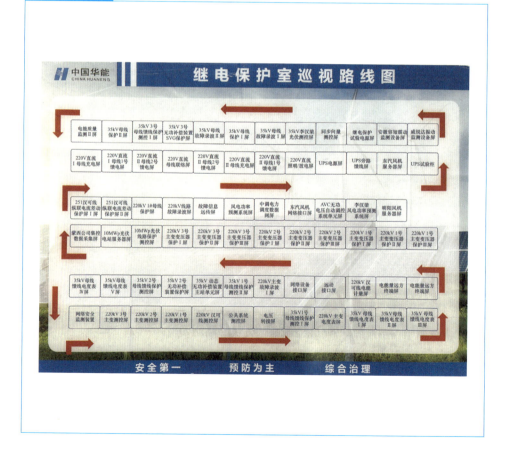

### 6.2.5　保护投退压板

**应用对象**

适用于继电保护室的保护投退压板。

**规范要求**

**标准类型：** 建议标准。

**材　　料：** A4 磁吸文件夹、A4 塑封膜。

**规　　格：** 根据实际情况进行制作。

**要　　求：** 根据压板类型对应的颜色（出口压板为红色、功能压板为黄色、备用压板为白色）对压板名称进行标识。

**实际案例**

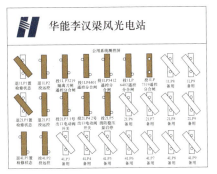

## 6.2.6 屏柜名称目视化

**应用对象**

适用于继电保护室屏柜。

**规范要求**

**标准类型：** 建议标准。

**材　　料：** PVC 贴纸。

**规　　格：** 根据实际情况进行制作。

**要　　求：** 地表贴名称要与实际的继电保护柜相对应，地表贴颜色应根据继电保护柜对应的电压等级及功能做出区分，220kV 为红色，35kV 为黄色，直流供电系统为蓝色，服务器屏柜为绿色，公共测控屏为紫色。

**实际案例**

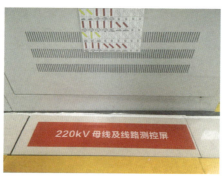

## 6.2.7　屏眉

**应用对象**

适用于继电保护室的屏眉。

**规范要求**

**标准类型：**强制标准。

**材　　料：**3mm 厚亚克力板。

**规　　格：**根据实际情况进行制作。

**要　　求：**屏眉名称要与实际的继电保护柜相对应，字体颜色清晰明了。

**实际案例**

## 6.2.8 设备责任人信息卡

**应用对象**

适用于继电保护室等屏柜。

**规范要求**

**标准类型：** 建议标准。

**材　　料：** 3mm 厚亚克力卡槽。

**规　　格：** 6 寸，根据实际情况进行制作。

**内　　容：** 屏眉名称要与实际的继电保护柜相对应，字体颜色清晰明了。

**实际案例**

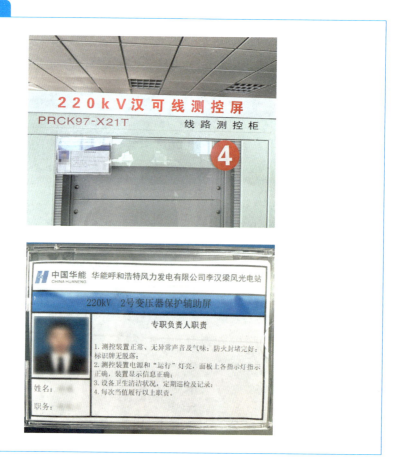

## 6.3 蓄电池室

### 6.3.1 设备编号

**应用对象**

适用于蓄电池。

**规范要求**

**标准类型：**建议标准。

**材　　料：**黄底黑字标签色带。

**规　　格：**根据实际情况进行制作。

**要　　求：**

（1）每个胶体蓄电池要有对应的编号，标号应清晰明了。

（2）编号从左到右依次进行粘贴。

（3）设备本体外观应完整，无积灰、油渍。

**实际案例**

### 6.3.2　管理制度

**应用对象**

适用于蓄电池室。

**规范要求**

**标准类型：** 建议标准。

**材　　料：** 3mm 厚亚克力板。

**规　　格：** 根据实际情况进行制作。

**内　　容：** 企业 logo、蓄电池室巡视检查项目、相关标语等。

**实际案例**

### 6.3.3　温湿度仪

**应用对象**

适用于蓄电池室内温湿度仪。

**规范要求**

**标准类型：** 建议标准。

**材　　料：** 指针式温湿度仪、电子式温湿度仪。

**要　　求：**

（1）温湿度仪应满足国家相关标准。

（2）温湿度仪附近要粘贴蓄电池室的正常温湿度范围。

（3）在日常工作中要对比指针式及电子式温湿度仪数值的误差。

**实际案例**

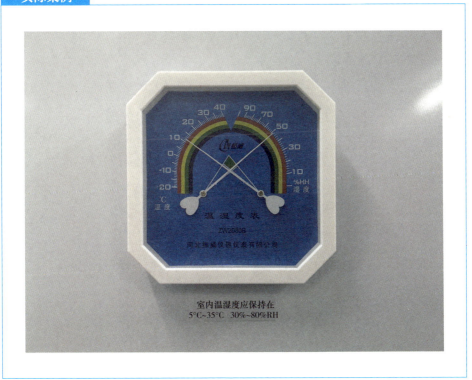

### 6.3.4　防爆设备

**应用对象**

适用于蓄电池室的防爆灯具、防爆风扇等设备。

**规范要求**

**标准类型：** 强制标准。

**材　　料：** 防爆灯具、防爆风扇。

**要　　求：**

（1）防爆灯具应满足国家相关标准。

（2）在日常工作中要检查防爆灯具的状态，确保状态正常。

**实际案例**

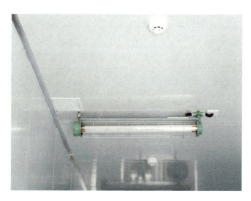

## 6.4 消防泵房

### 6.4.1 整体目视化

**应用对象**

适用于消防泵房。

**规范要求**

**标准类型：** 建议标准。

**材　　料：** 红色、白色、黄色油漆，绿色地坪漆。

**要　　求：** 消防水泵房内地面应刷绿色地坪漆，护栏应刷黄色油漆，消防设备应刷红色油漆，管道应使用白色油漆标注介质流向箭头。

**实际案例**

## 6.4.2 消防系统图

**应用对象**

适用于消防系统图。

**规范要求**

**标准类型：**建议标准。

**材　　料：**3mm 厚亚克力板。

**规　　格：**700mm（高）×650mm（宽）、具体根据墙面大小定制消防系统图。

**要　　求：**系统图应与实际设备及标识牌对应，应带有企业 logo。

**实际案例**

### 6.4.3 阀门标识

应用对象

适用于消防系统阀门。

规范要求

**标准类型：**建议标准。

**材　　料：**3mm 厚亚克力板。

**规　　格：**根据实际情况制作。

**要　　求：**要根据实际情况制作消防系统阀门的标识，并与消防系统图上名称保持一致。

实际案例

### 6.4.4 管道介质流向标识

**应用对象**

适用于消防系统管道。

**规范要求**

**标准类型**：建议标准。

**材　　料**：白色油漆。

**规　　格**：根据实际情况进行制作。

**要　　求**：消防管道应标有流向箭头，与实际系统相对应。

**实际案例**

### 6.4.5　阀门手轮

**应用对象**

适用于消防系统阀门手轮。

**规范要求**

**标准类型：**建议标准。

**材　　料：**红色油漆、黄色油漆。

**要　　求：**阀门本体红色，旋转箭头及字体使用油漆笔粉刷黄色油漆。

**实际案例**

# 7
## PART

# 输配电设备区域 7S 管理规范

# 7.1 主变压器设备

## 7.1.1 区域环境

**应用对象**

适用于主变压器等设备周围环境。

**规范要求**

**标准类型：** 建议标准。

**要　　求：**

（1）主变压器区域范围地面干净、平整，无油污，无杂物。

（2）照明设备完好。

**实际案例**

## 7.1.2 设备标识

适用于主变压器等设备标识。

**标准类型：** 建议标准。

**材　　料：** 铝板。

**规　　格：** 参考实际情况。

**位　　置：** 主变压器散热片及主变压器正前方。

**内　　容：** 企业 logo、名称编号、相序。

**字　　体：** 黑体。

### 7.1.3 散热器编号

**应用对象**

适用于主变压器散热器等部件编号。

**规范要求**

**标准类型：** 建议标准。

**材　　料：** PVC 贴纸。

**规　　格：** 圆形，直径 100mm。

**位　　置：** 主变压器散热片正前方。

**内　　容：** 依次编号。

**实际案例**

## 7.1.4　冷却风扇编号

**应用对象**

适用于主变压器风扇等部件编号。

**规范要求**

**标准类型：** 建议标准。

**材　　料：** PVC 贴纸。

**规　　格：** 圆形，直径 100mm。

**位　　置：** 主变压器冷却风扇正前方。

**内　　容：** 依次编号。

**实际案例**

## 7.1.5 安全管理看板

**应用对象**

适用于主变压器等设备警示看板。

**规范要求**

**标准类型：**建议标准。

**材　　料：**3mm 厚亚克力板。

**规　　格：**1000mm（长）×800mm（宽）。

**内　　容：**设备名称、危险源告知卡、职业病危害告知卡、责任人。

**位　　置：**主变压器附近（位置适宜观看）。

**实际案例**

### 7.1.6 设备基础

**应用对象**

适用于主变压器等设备基础。

**规范要求**

**标准类型：** 建议标准。

**材　　料：** 黄色、黑色地坪漆，美纹纸胶带。

**规　　格：** 黄黑相间，间距为 100mm，45° 倾斜。

**方　　法：** 先全部刷黄色，再贴 100mm 间隔的美纹纸胶带，刷黑色条，依次黄黑相间。

**要　　求：**

（1）主变压器基础水泥抹灰平整，无崩坏、缺失，无垃圾，无积水，无杂物。

（2）主变压器基础涂刷黄黑相间安全警示带。

**实际案例**

# 7.2 35kV 配电区域

## 7.2.1 区域环境

**应用对象**

适用于 35kV 配电室等区域。

**规范要求**

**标准类型：** 建议标准。

**要　　求：**

（1）整体干净、整洁，地面无积水、积灰、杂物，区域划分合理，设施及物品定置定位清晰。

（2）距离盘柜 800mm 处应设置安全警戒线，不足 800mm 则按现场实际确定，警戒线为宽度 50mm 的黄色实线，水泥地面刷地坪油漆，地砖、地胶等用胶带。

（3）安全通道明确，有出口指向标识。

（4）室内应张贴管理规定。

（5）开关柜屏眉及落地屏眉应保持清洁，无脱落，无遮挡。

（6）电气设备标识牌应完整、清晰，无脱落。

**实际案例**

## 7.2.2　开关柜标识

### 应用对象

适用于 35kV 配电室盘柜标识。

### 规范要求

**标准类型：**建议标准。

**材　　料：**铝板。

**规　　格：**具体参考实际情况制定。

**内　　容：**企业 logo、开关设备名称及编号。

**位　　置：**盘柜对应开关设备位置正前方。

### 实际案例

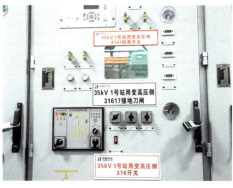

### 7.2.3　屏柜目视化

**应用对象**

适用于 35kV 配电室。

**规范要求**

**标准类型：** 建议标准。

**材　　料：** PVC 耐磨地贴。

**规　　格：** 450mm（长）×150mm（宽）。

**内　　容：** 屏柜名称。

**位　　置：** 35kV 屏柜正前方地面 100mm 处。

**实际案例**

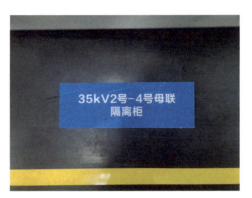

### 7.2.4 管理制度

**应用对象**

适用于 35kV 配电室。

**规范要求**

**标准类型：**建议标准。

**材　　料：**3mm 厚亚克力板。

**规　　格：**780mm（高）×550mm（宽）。

**内　　容：**企业 logo、配电室管理规定、相关标语等。

**位　　置：**配电室墙面明显位置。

**实际案例**

# 7.3 无功补偿装置区域

## 7.3.1 安全管理看板

**应用对象**

适用于 SVG 等设备警示看板。

**规范要求**

**标准类型：**建议标准。

**材　　料：**3mm 厚亚克力板。

**规　　格：**1000mm（长）×800mm（宽）。

**内　　容：**设备名称、危险源告知卡、职业病危害告知卡、责任人。

**位　　置：**SVG 设备附近（位置适宜观看）。

**实际案例**

## 7.3.2　安全标识

**应用对象**

适用于 SVG 等设备安全标识。

**规范要求**

**标准类型：** 建议标准。

**材　　料：** 3mm 厚亚克力板。

**规　　格：** 300mm（高）× 200mm（宽）。

**内　　容：** 企业 logo、安全警示标识。

**位　　置：** SVG 设备围栏中央。

**实际案例**

### 7.3.3 安全护栏

**应用对象**

适用于 SVG 等设备护栏。

**规范要求**

**标准类型：** 建议标准。

**要　　求：**

（1）护栏应采用具有防腐、耐候性能的材料，如铁艺护栏，表面应进行烤漆处理，以增加其防腐蚀性能。

（2）护栏的高度要根据配电设备的尺寸和作用环境而定，护栏离地面高度不得低于 1.2m，以确保安全。

（3）护栏的固定应牢固、可靠，不得出现锈蚀或变形现象。固定件要使用专用件或专利件。

（4）安装配电设备护栏时，要注意为操作人员和设备的通行留出足够的空间。通道宽度一般为 1.5m 以上，可根据实际情况适当调整。

**实际案例**

# 7.4 GIS 室区域

## 7.4.1 整体环境

**应用对象**

适用于 GIS 设备区域整体环境。

**规范要求**

**标准类型：** 建议标准。

**要　　求：**

（1）整体干净、整洁，地面无积水、积灰、杂物，区域划分合理，设施及物品定位摆放。

（2）距离线路 800mm 处应设置安全警戒线，不足 800mm 则按现场实际确定，警戒线为宽度 100mm 的黄色实线，水泥地面刷地坪油漆，地砖、地胶等用胶带。

（3）安全通道明确，有出口指向标识。

（4）室内应张贴管理规定。

（5）开关设备标识牌应干净，无脱落。

（6）室内通风口需加装防尘棉。

**实际案例**

### 7.4.2　设备编号

**应用对象**

适用于 GIS 室内设备编号。

**规范要求**

**标准类型：** 建议标准。

**材　　料：** 铝板或 PVC 反光膜贴纸。

**规　　格：** 300mm（长）× 200mm（宽）。

**内　　容：** 企业 logo、设备名称及编号。

**要　　求：** 平面采用铝板材质，曲面采用反光膜贴纸。

**实际案例**

### 7.4.3　设备本体

**应用对象**

适用于 GIS 室内设备本体。

**规范要求**

**标准类型：**建议标准。

**要　　求：**

（1）设备本体需定期打扫清理，保持设备清洁。

（2）母线应使用 PVC 贴纸标明相序。

（3）设备应正确标明名称、编号。

**实际案例**

### 7.4.4　管理制度

**应用对象**

适用于 GIS 室内。

**规范要求**

**标准类型：**建议标准。

**材　　料：**3mm 厚亚克力板。

**规　　格：**780mm（高）×550mm（宽）。

**内　　容：**企业 logo、GIS 室管理相关要求及规定、相关标语等。

**位　　置：**GIS 墙面明显位置。

**实际案例**

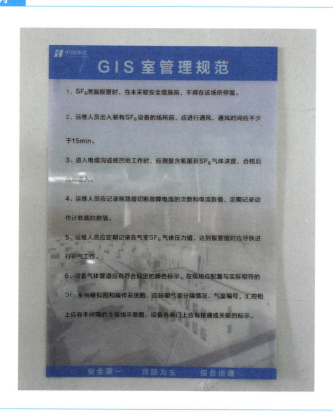

## 7.5　箱式变压器

### 7.5.1　区域环境

**应用对象**

适用于箱式变压器周围环境。

**规范要求**

**标准类型：**建议标准。

**要　　求：**

（1）箱式变压器的周围环境应保持在干燥、通风的状态下，避免潮湿和高温。

（2）箱式变压器周围区域范围地面应保持干净、平整，无油污，无杂物。

（3）箱式变压器台阶应使用黄色地坪漆画 50mm 宽防踏空线。

**实际案例**

### 7.5.2 设备本体

**应用对象**

适用于箱式变压器本体。

**规范要求**

**标准类型：** 强制标准。

**要　　求：**

（1）箱式变压器表面应绘制企业 logo。

（2）箱式变压器本体各区间应张贴标识牌进行区分。

（3）箱式变压器事故油池应使用黄黑地坪漆画 45° 倾斜黄黑 100mm 间隔警示线。

（4）设备接地扁铁应采用黄、绿油漆按间隔 100mm 粉刷。

（5）散热器需按顺序进行编号。

**实际案例**

### 7.5.3　设备点检标准

**应用对象**

适用于箱式变压器点检。

**规范要求**

**标准类型：**建议标准。

**材　　料：**贴纸。

**规　　格：**800mm（长）×480mm（宽）。

**内　　容：**企业 logo、箱式变压器点检表、相关标语等。

**位　　置：**箱式变压器低压侧门内。

**实际案例**

中国华能
CHINA HUANENG

## 箱 式 变 压 器 点 检 表

| 检查项目 | 系统 | 部位 | 检查方法 | 检查标准 |
|---|---|---|---|---|
| 变压器高低压侧门 | 变压器 | 外部 | 目测法 | 变压器高低压侧门及外观无破损、密封良好 |
| 箱变漏油 | 变压器 | 外部 | 目测法 | 箱式变压器无漏油其他异常情况 |
| 油枕油位 | 变压器 | 外部 | 目测法 | 油枕油位计指数 |
| 变压器声响 | 变压器 | 外部 | 耳听法 | 变压器声响均匀、正常 |
| 呼吸器 | 变压器 | 外部 | 目测法 | 呼吸器完好、吸附剂干燥、颜色正常 |
| 气体继电器 | 变压器 | 外部 | 目测法 | 气体继电器内应无气体 |
| 压力释放 | 变压器 | 外部 | 目测法 | 压力释放不弹出 |
| 引线接头、电缆 | 变压器 | 外部 | 目测法 | 引线接头、电缆无松动无发热迹象 |
| 附近 | 变压器 | 外部 | 目测法 | 附近无可燃物存在 |
| 高低压侧柜 | 变压器 | 高压室 | 目测法 | 高低压侧柜内清洁、无漏油 |
| 电缆室避雷器 | 变压器 | 高压室 | 目测法 | 电缆室避雷器动作次数 |
| 各控制开关、二次端子 | 变压器 | 低压室 | 目测法 | 各控制和二次端子无发热及其他异常现象 |
| 低压室电缆 | 变压器 | 低压室 | 目测法 | 低压室电缆防火封堵应合格 |
| 低压室电压表 | 变压器 | 低压室 | 目测法 | 低压室电压表正常 |
| 低压室电流表 | 变压器 | 低压室 | 目测法 | 低压室电流表指示 |
| 控制回路 | 变压器 | 低压室 | 目测法 | 控制回路各指示灯正常（如不正常需确定指示灯损坏还是控制回路失电，若控制回路失电需立即处理） |
| 箱变油温 | 变压器 | 低压室 | 目测法 | 箱变油温度值正常范围 |
| UPS | 变压器 | 低压室 | 目测法 | 检查UPS不报警，不在旁路 |
| 灭火器 | 变压器 | 低压室 | 目测法 | 灭火器压力正常且在有效检验期内 |

| 安 全 第 一 | 预 防 为 主 | 综 合 治 理 |
|---|---|---|

## 7.5.4 安全标识

**应用对象**

适用于箱式变压器。

**规范要求**

**标准类型：** 建议标准。

**材　　料：** 铝板。

**规　　格：** 480mm（长）×360mm（宽）。

**内　　容：** 企业 logo、重点防火部位、危险源告知卡。

**位　　置：** 箱式变压器低压侧门外。

**实际案例**

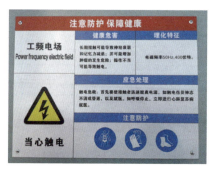
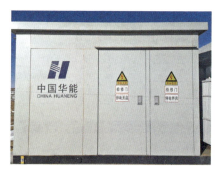

## 7.6　集电线路终端塔

### 7.6.1　安全标识

**应用对象**

适用于终端塔标识。

**规范要求**

**标准类型：**建议标准。

**材　　料：**铝板。

**规　　格：**480mm（长）×360mm（宽）。

**内　　容：**企业 logo、警示标识、集电线路名称及相序。

**位　　置：**终端塔塔腰处。

**实际案例**

### 7.6.2　设备本体

适用于终端塔本体。

**标准类型：**建议标准。

**要　　求：**

（1）终端塔接地应独立设置。接地体安装方式正确，应符合设计要求，预留位置、长度满足敷设安全要求，接地电阻应符合设计要求。

（2）终端塔无基础下沉和歪斜现象，支架与邻近物保持安全距离。

（3）电缆上塔引上部分应装设电缆保护管。

### 7.6.3 塔基警示线

**应用对象**

适用于终端塔塔基。

**规范要求**

**标准类型：**建议标准。

**材　　料：**黄色、黑色地坪漆，美纹纸胶带。

**规　　格：**黄黑相间，间距为 100mm，45° 倾斜。

**方　　法：**先全部刷黄色，再贴 100mm 间隔的美纹纸胶带，刷黑色条，依次黄黑相间。

**实际案例**

# 8
## PART

**7S**

## 风力发电机组区域 7S 管理规范

**7S** 新能源发电企业
管理规范手册

# 8.1 塔基

## 8.1.1 爬梯

**应用对象**

适用于风力发电机组塔筒外爬梯。

**规范要求**

**标准类型：**建议标准。

**材　料：**黄色油漆。

**要　求：**

（1）塔筒外爬梯扶手及下方安全护栏涂刷黄色油漆。

（2）楼梯的第一级楼梯与最后一级台阶刷黄色防踏空线。

**实际案例**

## 8.1.2 基础

应用对象

适用于风力发电机组塔筒基础。

规范要求

**标准类型：**建议标准。

**材　　料：**黄色、黑色油漆或黄黑色警示地贴。

**要　　求：**

（1）在塔筒外基础法兰盘下方涂刷黄黑色警示线。

（2）在塔筒 1.5m 高度处涂刷黄黑色警示线或粘贴黄黑色胶带。

（3）黄黑色警示线宽度为 100mm。

**实际案例**

### 8.1.3 安全标识

**应用对象**

适用于风力发电机组安全警示标识。

**规范要求**

**标准类型：** 强制标准。

**材　　料：** 塔筒外铝板、不锈钢板，塔筒内贴纸。

**要　　求：**

（1）塔筒外应张贴"警告　非工作人员禁止在风机附近逗留"，采用黄底红字。

（2）塔筒门处粘贴"未经允许　禁止入内""雷雨天气　禁止靠近"标识牌。

（3）塔筒内爬梯处粘贴"当心落物""当心坠落""禁止抛物""攀爬必须用防坠器""必须系安全带""必须携带通信设备""必须戴安全帽""必须穿防护鞋"。

（4）粘贴风机四色安全风险分布图。

（5）在爬梯侧粘贴"从此上下"标识。

---

**实际案例**

## 8.1.4　设备巡检标准

**应用对象**

适用于风力发电机组。

**规范要求**

**标准类型：** 强制标准。

**材　　料：** 贴纸。

**规　　格：** 780mm（高）×550mm（宽）。

**位　　置：** 风机塔筒内门口处。

**实际案例**

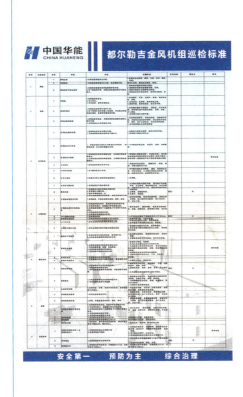

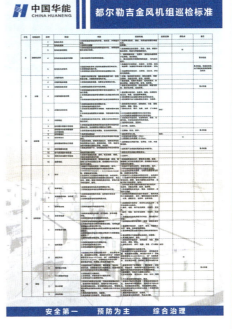

### 8.1.5 盖板

适用于风力发电机组塔筒盖板。

**标准类型：** 建议标准。

**材　　料：** 黄色、黑色油漆。

**要　　求：**

（1）以画黄色、黑色相间油漆线（黄黑斑马线）为原则来标示危险区域。

（2）黄色线与黑色线宽度比例为1：1，宽度为100mm。

（3）涂刷倾斜角为45°。

## 8.1.6　定位线

**应用对象**

适用于风力发电机组控制柜。

**规范要求**

**标准类型：** 建议标准。

**材　　料：** 黄色油漆或地胶带。

**要　　求：**

（1）以画黄色线来标示与柜体的安全距离。

（2）黄色线宽度应为 50mm。

（3）与设备外侧四周边缘距离为 80mm~100mm。

**实际案例**

### 8.1.7 控制按钮

**应用对象**

适用于风力发电机组控制柜按钮。

**规范要求**

**标准类型：** 建议标准。

**材　　料：** 黄色标签贴纸。

**要　　求：**

（1）风力发电机组控制柜急停按钮处有黄色保护罩。

（2）控制柜其他工作按钮粘贴中文标识，标示按钮作用。

（3）按钮应有效，无卡涩、阻顿现象。

**实际案例**

## 8.1.8 应急管理

**应用对象**

适用于风力发电机组应急物资。

**规范要求**

**标准类型：**强制标准。

**要　　求：**

（1）风力发电机组配置应急药品。

（2）急救标示应包含应急逃生图、紧急联系电话、应急处理措施。

**实际案例**

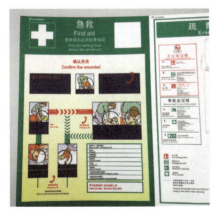

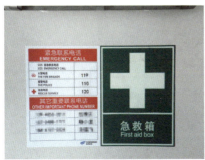
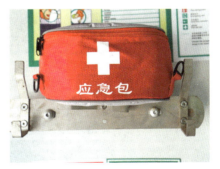

# 8.2 塔筒平台标识

## 应用对象

适用于风力发电机组塔筒平台安全标识。

## 规范要求

**标准类型：** 建议标准。

**材　　料：** 贴纸。

**要　　求：**

（1）风力发电机组塔筒平台应标清最大承载重量。

（2）粘贴在塔筒平台工作时的安全警示标识。

## 实际案例

## 8.3　机舱

### 8.3.1　应急逃生装置

**应用对象**

适用于风力发电机组机舱应急逃生装置。

**规范要求**

**标准类型：** 强制标准。

**材　　料：** 黄色油漆或黄色定位线贴纸。

**要　　求：**

（1）风力发电机组机舱内应配备应急逃生装置。

（2）将应急逃生装置放置在安全、可靠的位置处。

**实际案例**

### 8.3.2 机舱灭火器

**应用对象**

适用于风力发电机组机舱灭火器。

**规范要求**

**标准类型：** 强制标准。

**材　　料：** 3mm厚亚克力板。

**规　　格：** 标识牌需根据消防器材尺寸确定。

**位　　置：** 位于消防设施上或附近区域。

**要　　求：** 消防设施需附操作示意图、管理编号、火警电话、责任人。

**实际案例**

### 8.3.3　旋转部件警示及防护

**应用对象**

适用于风力发电机组旋转部件。

**规范要求**

**标准类型：**强制标准。

**材　　料：**红色油漆。

**要　　求：**风力发电机组旋转部件应涂刷大红色警示色，提示检修人员在工作中注意安全。

**实际案例**

### 8.3.4 安全护栏

**应用对象**

适用于风力发电机组护栏。

**规范要求**

**标准类型：**强制标准。

**材　　料：**黄色油漆，黄黑色 50mm 宽胶带。

**要　　求：**

（1）根据现场情况对存在跌落风险的位置必须设置安全防护围栏。

（2）安全防护围栏应全部涂刷黄色作为提示，护栏周围使用黄黑色警示线标示危险区域。

（3）若平台在 2m 以上，应设置"禁止跨越""当心坠落"等安全标识。

**实际案例**

### 8.3.5 吊装口

**应用对象**

适用于风力发电机组吊装口。

**规范要求**

**标准类型：**强制标准。

**材　　料：**黄色油漆，黄黑色 50mm 宽胶带。

**要　　求：**

（1）风力发电机组吊装口前必须设置安全防护围栏。

（2）安全防护围栏应全部涂刷黄色作为提示，护栏周围使用黄黑色警示线标示危险区域。

（3）必须粘贴"当心坠落""禁止抛物""必须系安全带"等安全标识。

**实际案例**

### 8.3.6 自救呼吸器

**应用对象**

适用于风力发电机组机舱。

**规范要求**

**标准类型：** 强制标准。

**要　　求：**

（1）风力发电机组机舱内必须配有两个合格的自救呼吸器。

（2）自救呼吸器应可靠、牢固放置。

（3）使用50mm定位线进行定位。

**实际案例**

## 8.4 轮毂

### 8.4.1 安全标识

**应用对象**

适用于风力发电机轮毂安全标识。

**规范要求**

**标准类型：** 强制标准。

**材　　料：** PVC 板或车贴。

**要　　求：**

（1）在进入轮毂前，机舱外壳处应安装有限空间作业安全告知牌。

（2）根据设备实际情况设计标识牌尺寸，内容应包含危险提示、气体含量浓度标准数值、安全操作注意事项及应急联系方式。

**实际案例**

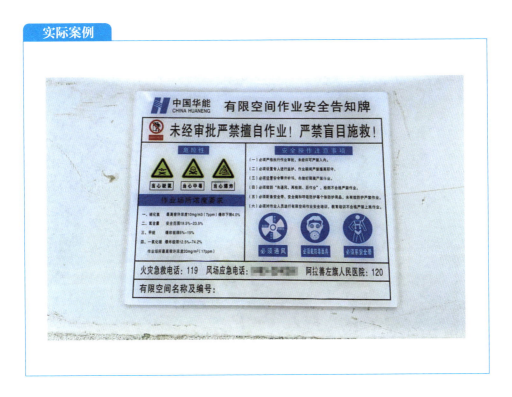

### 8.4.2 线束管理

**应用对象**

适用于风力发电机轮毂处。

**规范要求**

**标准类型：**建议标准。

**材　　料：**束线管、扎带。

**要　　求：**

（1）电源及信号线应使用束线管、扎带进行固定。

（2）线按功能进行整理捆扎，横平竖直。

（3）整体环境保持干净、整洁，无积灰、杂物。

**实际案例**

# 储能设备区域 7S 管理规范

## 9.1　储能区域环境

**应用对象**

适用于储能设备区。

**规范要求**

**标准类型：**建议标准。

**要　　求：**

（1）地面干净，无杂物、杂草。

（2）设备干净整洁，表面无掉漆。

（3）照明设备完好。

（4）目视化标识完整清晰。

**实际案例**

## 9.2 变流升压一体机

### 9.2.1 设备外部标识

**应用对象**

适用于设备外部标识。

**规范要求**

**标准类型：**建议标准。

**材　　料：**铝板。

**规　　格：**480mm（长）×360mm（宽），根据实际情况制定。

**位　　置：**位于巡检路线两旁。

**要　　求：**箱体表面附企业 logo 及设备名称，台阶首尾画 50mm 宽防踏空线。

**实际案例**

## 9.2.2　内部设备标识

**应用对象**

适用于内部设备标识。

**规范要求**

**标准类型：**建议标准。

**材　　料：**铝板、12mm 宽黄底黑字色带。

**规　　格：**根据实际情况制定。

**位　　置：**位于设备正前方。

**要　　求：**开关设备需标明名称及编号，电气设备需准确命名。

**实际案例**

### 9.2.3　消防设施标识

应用对象

适用于消防设施标识。

规范要求

**标准类型：** 强制标准。

**材　　料：** 3mm 厚亚克力板、PVC 贴纸。

**规　　格：** 根据实际情况定制。

**位　　置：** 位于消防设施周围明显位置。

实际案例

## 9.3 电池舱

### 9.3.1 电池舱外部标识

**应用对象**

适用于电池舱外部标识。

**规范要求**

**标准类型：**建议标准。

**材　　料：**铝板。

**规　　格：**480mm（长）×360mm（宽），根据实际情况制定。

**位　　置：**位于巡检路线两旁。

**要　　求：**箱体表面附企业 logo 及设备名称，台阶首尾画 50mm 宽防踏空线。

**实际案例**

## 9.3.2　内部设备标识

**应用对象**

适用于内部设备标识。

**规范要求**

**标准类型：**建议标准。

**材　　料：**铝板、12mm 黄底黑字色带。

**规　　格：**300mm（长）×100mm（宽），参考实际情况定制。

**要　　求：**设备需正确编号命名，确保无掉落、无遮挡。

**实际案例**

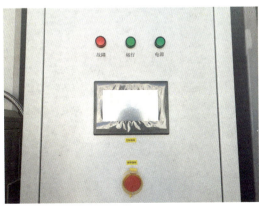

### 9.3.3　空气开关电缆标识

**应用对象**

适用于空气开关电缆标识。

**规范要求**

**标准类型：**建议标准。

**材　　料：**9mm 宽黄底黑字色带。

**字　　体：**黑体。

**要　　求：**安装在统一位置，线缆标牌使用吊挂方式安装。

**实际案例**

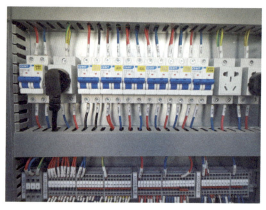

### 9.3.4 电池单元标识

应用对象

适用于电池单元标识。

规范要求

**标准类型：** 建议标准。

**材　　料：** 白底黑字标签色带。

**规　　格：** 根据实际情况制定。

**要　　求：** 编号按照电池舱编号 – 簇号 – 电池号顺序。

**实际案例**

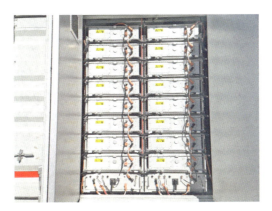

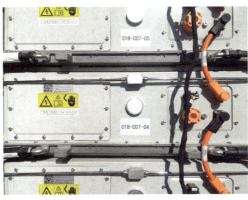

# 10

PART

光伏设备区域 7S 管理规范

# 10.1 光伏区域目视化

## 10.1.1 安全警示标识

**应用对象**

适用于光伏场区入口处。

**规范要求**

**标准类型：**强制标准。

**材　　料：**不锈钢、铝板等。

**要　　求：**企业 logo、进入穿戴安全防护要求、重点防火单位、安全警示标识等排列顺序必须符合国家标准要求。

**规　　格：**参考 2000mm（长）×1000mm（宽），可根据现场的实际情况进行调整。

**位　　置：**放在场区入口醒目位置处。

**实际案例**

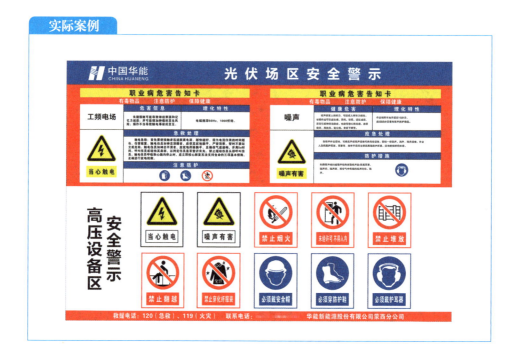

## 10.1.2　限速、限宽标识

**应用对象**

适用于光伏场区入口处。

**规范要求**

**标准类型：** 强制标准。

**材　　料：** 不锈钢等。

**内　　容：** 限速、限宽标识。

**规　　格：** 限速、限宽标识牌直径 500mm 左右，距地面高度在 2m 左右，可根据现场的实际情况增加限高等标识。

**位　　置：** 放在场区入口醒目位置处。

**实际案例**

### 10.1.3 光伏场区网围栏

**应用对象**

适用于光伏场区网围栏。

**规范要求**

**标准类型：**建议标准。

**要　　求：**

（1）光伏场区网围栏应整齐，无破损。

（2）网格大小约 $0.01m^2$，以能挡住牲畜、小动物为宜。

（3）光伏场区网围栏高度在 2m 左右，也可根据现场的实际情况进行调整。

（4）光伏场区围栏以绿色为宜，也可根据现场的实际情况进行调整，但颜色要醒目。

（5）光伏场区网围栏上应有"禁止烟火""禁止翻越"和"当心触电"标识，并向外展示。

**实际案例**

### 10.1.4　光伏组件外观

**应用对象**

适用于光伏组件。

**规范要求**

**标准类型：**建议标准。

**要　　求：**

（1）光伏组件应定期清洗，表面清洁，无遮挡。

（2）光伏组件调试、维修后安装应整齐、规范，保持在同一高度，上下光伏板应对齐。

**实际案例**

## 10.1.5  光伏组件角度

适用于光伏组件。

**标准类型：** 建议标准。

**要　　求：**

（1）可调式光伏组件应根据所在地区的太阳辐射角度进行定期调整，提升光伏组件发电能力。

（2）固定式光伏组件角度以设计、安装为准。

（3）调整后应整齐、规范。所有光伏板角度一致，并且保持在同一高度，上下光伏板应对齐。

## 10.1.6　光伏组件支路标识

适用于光伏组件。

**标准类型：** 建议标准。

**材　　料：** 不锈钢、铝板等。

**规　　格：** 200mm（长）×100mm（宽），也可根据现场的实际情况进行调整。

**字　　体：** 微软雅黑，字号大小可根据内容合理调整。

**内　　容：** 企业 logo，设备编号、名称。

**位　　置：** 光伏组件下方醒目位置。

**实际案例**

## 10.1.7　汇流箱支路标识

**应用对象**

适用于汇流箱。

**规范要求**

**标准类型：**建议标准。

**材　　料：**电缆标识牌。

**规　　格：**50mm（长）×30mm（宽），也可根据现场的实际情况进行调整。

**字　　体：**微软雅黑，字号大小可根据内容合理调整。

**内　　容：**电缆编号、电缆起止位置。

**位　　置：**光伏组件至汇流箱正、负极母线两端。

**实际案例**

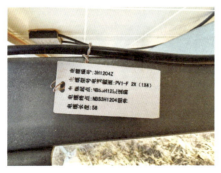

### 10.1.8　汇流箱标识

**应用对象**

适用于汇流箱。

**规范要求**

**标准类型：**建议标准。

**材　　料：**不锈钢、铝板等。

**规　　格：**150mm（长）×100mm（宽），可根据现场的实际情况进行调整。

**字　　体：**微软雅黑，字号大小可根据内容合理调整。

**内　　容：**企业 logo，设备编号、名称。

**位　　置：**汇流箱正面醒目位置。

**要　　求：**

（1）汇流箱应完好，无破损。

（2）汇流箱上应有明显的警示标牌，大小根据现场的实际情况进行调整。

**实际案例**

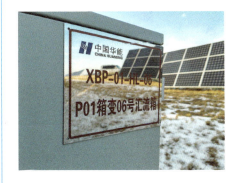

## 10.2　光伏逆变器

### 10.2.1　光伏逆变器标识

**应用对象**

适用于光伏逆变器。

**规范要求**

**标准类型：** 建议标准。

**材　　料：** 不锈钢、铝板等。

**规　　格：** 根据现场的实际情况进行调整。

**要　　求：** 安全警示标识排列顺序必须符合国家标准要求。

**实际案例**

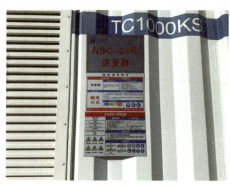

## 10.2.2　光伏逆变器入口台阶

**应用对象**

适用于光伏逆变器。

**规范要求**

**标准类型：**建议标准。

**材　　料：**黄色油漆。

**规　　格：**100mm 宽黄色实线。

**位　　置：**所有台阶的第一级和最后一级画防踏空线。

**实际案例**

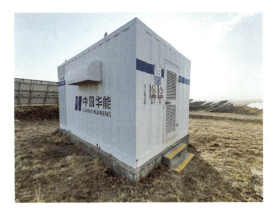

### 10.2.3 光伏逆变器区域环境

**应用对象**

适用于光伏逆变器。

**规范要求**

**标准类型：**建议标准。

**要　　求：**

（1）整体干净、整洁，地面无积水、积灰、杂物。

（2）区域划分合理，设施及物品定位摆放。

（3）距离盘柜 100mm 处应设置安全警戒线，不足 100mm 则按现场实际确定，警戒线为宽度 50mm 的黄色实线。

**实际案例**

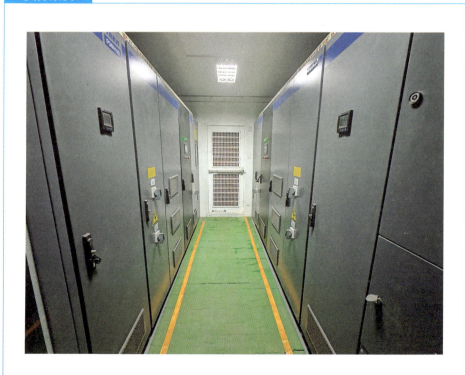

## 10.2.4　光伏逆变器灭火器

**应用对象**

适用于灭火器。

**规范要求**

**标准类型：**强制标准。

**材　　料：**3mm 厚亚克力板等。

**位　　置：**灭火器定置摆放。

**内　　容：**企业 logo、灭火器使用方法、月度巡检记录卡。

**实际案例**

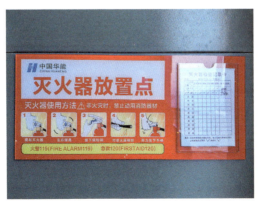

## 10.2.5　逆变器设备标识

**应用对象**

适用于逆变器。

**规范要求**

**标准类型：** 建议标准。

**要　　求：** 逆变器内所有开关、表计、电气元器件都要有名称标识。

**规　　格：** 可以根据具体情况调整。

**位　　置：** 在开关、表计、电气元器件正上方或下方醒目位置，可根据现场的实际情况进行调整。

**实际案例**

## 10.3 光伏厂区箱式变压器

### 10.3.1 光伏场区箱式变压器标识

**应用对象**

适用于光伏场区箱式变压器。

**规范要求**

**标准类型：** 建议标准。

**材　　料：** 不锈钢、铝板等。

**规　　格：** 根据现场的实际情况进行调整。

**要　　求：** 企业 logo、设备编号、设备名称、重点防火单位、安全警示标识等排列顺序必须符合国家标准要求等。

**实际案例**

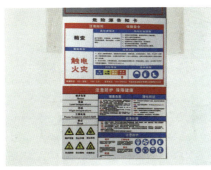

### 10.3.2　光伏场区箱式变压器表计、开关标识

**应用对象**

适用于光伏场区箱式变压器表计、开关标识。

**规范要求**

**标准类型：**建议标准。

**材　　料：**不锈钢、铝板、亚克力板等。

**规　　格：**50mm（长）×15mm（宽），根据现场的实际情况进行调整。

**要　　求：**所有表计、按钮、开关、压板等关键部位一定要有相应的标识、名称。

**位　　置：**在表计、开关正下方醒目位置，可根据现场的实际情况进行调整。

**实际案例**

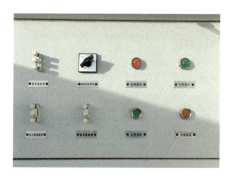

### 10.3.3　光伏场区箱式变压器四周警示线

**应用对象**

适用于光伏场区箱式变压器。

**规范要求**

**标准类型：**建议标准。

**规　　格：**根据箱式变压器地基整体设计。

**内　　容：**黄色标识线，宽度为 100mm。

**位　　置：**箱式变压器本体及地基四周。

**实际案例**

# 11
## PART

7S 管理制度

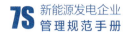

# 11.1  7S 管理办法

7S 制度是企业推进班组建设工作的基础，制度建设的意义在于，它可以帮助企业、公司及班组共同遵循统一的方式方法，建立健全的机制，提高管理效率，指导复杂的工作有序开展，实现既定目标，达到预期效果。

## 11.1.1  目的

为加强班组 7S 管理，确保 7S 的效果长期保持并逐步提升，使 7S 制度化、规范化和常态化，结合实际制定本制度。

## 11.1.2  范围

本制度适用于参与 7S 管理活动的全体人员。

## 11.1.3  长效维护制度

1.班组自查

个人需每天开展"5 分钟"7S 自查工作；班组需每周开展"1 小时"7S 内部自查工作，自查负责人为各班组负责人；各班组必须对所辖区域开展"全覆盖、零死区"自查。

2.公司检查

（1）公司检查区域划分：公司检修中心组织评委会对各班组 7S 管理区域进行检查。

（2）检查频度及检查人员：每半年进行一次检查评比，检查人员由 7S 评委会组织确定，主要由各部门领导，对查核区域的检查按交叉互查的原则进行。

（3）检查标准：详见 11.2 节"7S 管理评分标准"。

（4）检查方法：检查前召开碰头会，就本次检查内容及要点进行界定，统一检查尺度。

（5）分数统计：查评方式为百分制，按发现一项问题扣 1 分，为确保公平性，自查时应记录问题并拍摄，现场检查成绩占总成绩的 50%、问题整改占总成绩的 25%，日常保持占 25%。整改项目评分表见表 11-1。

表 11-1　整改项目评分表

| 项目 | | 标准 | 满分 |
|---|---|---|---|
| 各班组问题整改（25 分） | | 一项未整改或整改不到位扣 1 分 | 25 分 |
| 日常保持情况（25 分） | | 现场抽查，保持不到位的情况处扣 1 分/处 | 25 分 |
| 公司现场检查（50 分） | 检查分数 ×0.5 | 区域查评细则 | 50 分 |
| 总分 | | 100 分 | |

80 分为达标分数，未达标的班组责令限期整改实现达标，并列入绩效考核，7S 评委会将检查结果和排名情况在司务会上进行公布。

3. 考核办法

（1）对 7S 工作责任心不强、应付了事、推诿扯皮的责任班组，考核责任部门负责人 ××× 元，考核责任班组负责人 ××× 元，并在月度司务会上进行通报。

（2）对现场检查评分低于 80 分的责任区域，考核责任区域负责人 ××× 元，连带考核责任班组负责人 ××× 元。

（3）未能按期、按要求完成整改的，每项考核责任人 ××× 元，并连带考核责任部门负责人 ××× 元、部门副职及责任班组长每人 ××× 元；对整改工作责任心不强、应付了事，导致整改工作完成后派生新问题的，考核该项目整改责任人 ××× 元，并在月度司务会上进行通报。

（4）每半年评比一次，总分第一名（设 1 名）奖励 ××× 元，第二名（设 1 名）奖励 ××× 元，第三名（设 2 名）奖励 ××× 元，最后一名且得分率低于 80% 的，考核责任部门 ××× 元。

（5）按规定及时兑现考核情况，并在公司公告中予以公布。

## 11.2　7S 管理评分标准

### 11.2.1　公共区域 7S 管理评分标准

公共区域 7S 管理评分标准见表 11-2。

**表 11-2　公共区域 7S 管理评分标准**

| 项目 | 序号 | 标准内容 | 分值 | 备注 |
|------|------|----------|------|------|
| 1. 室内地面 | 1.1 | 地面有高度差的地方应有明显的防绊提示，且标准统一 | 1 | |
| | 1.2 | 地面无破损、坑洼 | 1 | |
| | 1.3 | 地面无积水、积灰、油渍 | 1 | |
| | 1.4 | 地面无纸张、碎屑及其他杂物 | 1 | |
| | 1.5 | 地面无烟蒂、痰迹 | 1 | |
| 2. 墙面 | 2.1 | 墙身无破损、脱落 | 1 | |
| | 2.2 | 墙面保持干净，无蜘蛛网、积尘 | 1 | |
| | 2.3 | 墙面无乱涂、乱画、乱贴 | 1 | |
| | 2.4 | 墙面无渗水、脱漆 | 1 | |
| | 2.5 | 墙面无手印、脚印，无陈旧标语痕迹 | 1 | |
| 3. 盆栽 | 3.1 | 盆栽需适当定位，摆放整齐 | 1 | |
| | 3.2 | 盆栽周围干净、美观 | 1 | |
| | 3.3 | 盆栽叶子保持干净，无枯死 | 1 | |
| | 3.4 | 盆栽容器本身干净 | 1 | |
| 4. 办公桌椅 | 4.1 | 办公桌定位摆放，隔断整齐 | 1 | |
| | 4.2 | 抽屉应分类标识，公私物品不能混放，标识与物品相符 | 1 | |
| | 4.3 | 台面保持干净，无灰尘杂物，无规定以外的物品 | 1 | |
| | 4.4 | 人员下班后办公椅归位，台面物品归位 | 1 | |

续表

| 项目 | 序号 | 标准内容 | 分值 | 备注 |
|------|------|---------|------|------|
| 4. 办公桌椅 | 4.5 | 与正进行的工作无关的物品应及时归位 | 1 | |
| | 4.6 | 桌面上已处理、正在处理、待处理等工作物品应有明确分类和定置摆放 | 1 | |
| | 4.7 | 桌面玻璃下压物尽量减少，并摆放整齐 | 1 | |
| | 4.8 | 桌面显示器、鼠标垫等应有明确定位 | 1 | |
| 5. 办公设施 | 5.1 | 饮水机、空调、电脑、打印机、传真机、碎纸机等保持正常状态，有异常时必须做明显标识 | 1 | |
| | 5.2 | 办公室设施本身保持干净，明确责任人 | 1 | |
| | 5.3 | 办公室设备使用有必要的温馨提示，比如空调有明显的环保要求、节约用电等提示 | 1 | |
| | 5.4 | 较为复杂的电器设备有简单的操作说明，如投影仪等 | 1 | |
| | 5.5 | 办公室电话有明确定位，有明确本机号码标注 | 1 | |
| 6. 门窗 | 6.1 | 门窗玻璃保持干净明亮 | 1 | |
| | 6.2 | 窗台上无杂物（除盆栽）摆放 | 1 | |
| | 6.3 | 门窗、窗帘保持干净 | 1 | |
| | 6.4 | 门窗玻璃无乱贴乱画现象 | 1 | |
| | 6.5 | 有明显的防撞标识，比如防撞线、轨迹线 | 1 | |
| | 6.6 | 门上有明显的推、拉、开关等标识 | 1 | |
| | 6.7 | 房间门槛有明显的防绊提示 | 1 | |
| | 6.8 | 门窗机构完好，无损坏和锈蚀 | 1 | |
| 7. 天花板 | 7.1 | 保持干净，无脏污 | 1 | |
| | 7.2 | 没有无关悬挂物 | 1 | |
| | 7.3 | 照明设施完好，灯罩内无积灰和破损 | 1 | |
| | 7.4 | 天花板无渗漏 | 1 | |

| 项目 | 序号 | 标准内容 | 分值 | 备注 |
|------|------|----------|------|------|
| 7. 天花板 | 7.5 | 天花板无脱落、掉漆 | 1 | |
| | 7.6 | 天花板与墙角无蜘蛛网 | 1 | |
| 8. 展板、看板 | 8.1 | 班组应有相应的看板 | 1 | |
| | 8.2 | 版面设置合理，标题明确 | 1 | |
| | 8.3 | 内容充实，及时更新 | 1 | |
| | 8.4 | 版面设置美观、大方，无不雅和反动内容 | 1 | |
| | 8.5 | 无过期张贴物 | 1 | |
| | 8.6 | 张贴物无破损和脱落情况 | 1 | |
| 9. 文件、资料 | 9.1 | 分类定位放置 | 1 | |
| | 9.2 | 按规定标识，明确责任人 | 1 | |
| | 9.3 | 文件盒保持干净、定期清理、归档 | 1 | |
| | 9.4 | 无过期、无效文件存放 | 1 | |
| | 9.5 | 文件定期归入相应文件夹（盒） | 1 | |
| | 9.6 | 必要文件应有卷内目录 | 1 | |
| | 9.7 | 文件盒有明确的编号 | 1 | |
| | 9.8 | 文件盒有明确的形迹化管理 | 1 | |
| | 9.9 | 文件盒无破损 | 1 | |
| | 9.10 | 文件盒标识样式统一规范 | 1 | |
| 10. 文件柜 | 10.1 | 文件柜分类、分层标识清楚，明确责任人 | 1 | |
| | 10.2 | 文件柜保持干净，柜顶无积尘、杂物 | 1 | |
| | 10.3 | 文件柜内文件夹放置整齐，并用编号、形迹等方法定位 | 1 | |
| | 10.4 | 文件柜内物品、资料应分区定位，标识明确 | 1 | |
| 11. 洗手间 | 11.1 | 地面无积水 | 1 | |

| 项目 | 序号 | 标准内容 | 分值 | 备注 |
|------|------|----------|------|------|
| 11. 洗手间 | 11.2 | 各种物品定位摆放，标识明确 | 1 | |
| | 11.3 | 洗手间保持卫生、清洁，无异味 | 1 | |
| | 11.4 | 洗手间内照明良好 | 1 | |
| | 11.5 | 洗手间内设施完好，无破损、渗漏 | 1 | |
| | 11.6 | 洗手间门锁完好 | 1 | |
| 12. 着装 | 12.1 | 按着装规定穿戴服装，佩戴上岗证 | 1 | |
| | 12.2 | 工作期间衣着得体，无穿背心、拖鞋等不文明行为 | 1 | |
| 13. 行为规范 | 13.1 | 工作期间不得做与工作无关的事项 | 1 | |
| | 13.2 | 办公区域不得高声喧哗和聚众吵闹 | 1 | |
| | 13.3 | 文明办公，无趴、斜等情况，坐姿文雅 | 1 | |
| | 13.4 | 无随意串岗、离岗现象 | 1 | |
| | 13.5 | 无浪费水、电等情况 | 1 | |
| | 13.6 | 上班、开会无迟到、早退现象 | 1 | |
| | 13.7 | 开会时不交头接耳、打手机，尽量不接听电话 | 1 | |
| | 13.8 | 遵守职业规范及礼仪 | 1 | |
| 14. 规章制度 | 14.1 | 部门有对应的 7S 常态化维持机制 | 1 | |
| | 14.2 | 有相关的企业文明办公规定 | 1 | |
| | 14.3 | 企业有 7S 的检查、评价、考核等制度 | 1 | |
| 15. 会客室、会议室 | 15.1 | 地面保持干净 | 1 | |
| | 15.2 | 各种用品保持清洁干净，适当定位标识 | 1 | |
| | 15.3 | 会议室内相关设备有简要操作说明 | 1 | |
| 16. 清洁用具 | 16.1 | 清洁用具用品定位摆放，标识明确 | 1 | |
| | 16.2 | 清洁用具摆放规范，无倾倒、杂乱 | 1 | |
| | 16.3 | 清洁用具本身无异味，无损坏 | 1 | |

续表

| 项目 | 序号 | 标准内容 | 分值 | 备注 |
|------|------|----------|------|------|
| 17. 办公区域开关、配电箱 | 17.1 | 开关、控制面板标识清晰，控制对象明确 | 1 | |
| | 17.2 | 设备保持干净，定位摆放整齐，无多余物 | 1 | |
| | 17.3 | 设备明确责任人员，坚持日常点检，有必要的记录 | 1 | |
| | 17.4 | 应保证处于正常使用状态，非正常状态应有明显标识 | 1 | |
| | 17.5 | 合理布线，集束整理 | 1 | |
| | 17.6 | 配电箱有明确统一的标识标牌 | 1 | |
| 18. 线束 | 18.1 | 各种线束固定得当 | 1 | |
| | 18.2 | 线束整齐，不随意散落地面，无悬挂物 | 1 | |
| | 18.3 | 线束布局合理 | 1 | |
| | 18.4 | 废弃线束及时清除，预留的要进行标识 | 1 | |
| | 18.5 | 设备与对应的线束应有明确的对应标识 | 1 | |
| | 18.6 | 电源线、网线、数据线等应有明确分类和整理 | 1 | |
| | 18.7 | 房间内管线尽量利用线槽、扎带、定位贴等采取隐蔽走线的方式 | 1 | |
| 19. 工具箱、柜 | 19.1 | 柜面标识明确，与柜内分类对应 | 1 | |
| | 19.2 | 柜内物品分类摆放，明确品名 | 1 | |
| | 19.3 | 各类工具应保持完好、清洁，保证使用性 | 1 | |
| | 19.4 | 各类工具使用后及时归位，有形迹化管理 | 1 | |
| | 19.5 | 柜顶无杂物，柜身保持清洁 | 1 | |
| 20. 消防设备 | 20.1 | 摆放位置明显，标识明确 | 1 | |
| | 20.2 | 位置设置合理，有阻塞线，线内无障碍物 | 1 | |
| | 20.3 | 状态完好，按要求摆放，外观干净、整齐 | 1 | |
| | 20.4 | 有责任人及定期点检记录 | 2 | |
| | 20.5 | 消防器材有明确的使用说明 | 1 | |
| | 20.6 | 紧急出口标识明确，逃生指示醒目 | 2 | |

续表

| 项目 | 序号 | 标准内容 | 分值 | 备注 |
|------|------|----------|------|------|
| 21. 定置图 | 21.1 | 办公室内必须配置正确对应的定置图 | 1 | |
| | 21.2 | 定置图必须及时更新 | 1 | |
| | 21.3 | 定置图无破损、脱落 | 1 | |
| | 21.4 | 定置图内应有明确的物品、数量、位置说明 | 1 | |
| 22. 节约环保 | 22.1 | 办公室无长明灯 | 1 | |
| | 22.2 | 办公室空调有环保温馨提示，对空调温度有环保要求 | 1 | |
| | 22.3 | 下班时关闭电脑、打印机等电源 | 1 | |
| | 22.4 | 办公用纸尽量采用双面打印 | 1 | |
| | 22.5 | 办公室提倡无纸化办公 | 1 | |
| 23. 楼梯 | 23.1 | 楼梯台阶无损坏、脱落 | 1 | |
| | 23.2 | 楼梯、电梯有明显的防踏空提示 | 2 | |
| | 23.3 | 楼梯玻璃护栏应有明显的防撞提示 | 1 | |
| 24. 私人物品 | 24.1 | 私人物品存放于物品柜或抽屉内，柜类、抽屉有明确标识 | 1 | |
| | 24.2 | 私人物品摆放不得影响办公区域的使用，并且摆放整齐 | 1 | |
| 25. 其他辅助 | 25.1 | 风扇、照明灯、空调等按要求放置，清洁无杂物，无安全隐患 | 1 | |
| | 25.2 | 日用电器无人时应关掉，无浪费现象 | 1 | |
| | 25.3 | 暖气片和管道上不得放杂物 | 1 | |
| | 25.4 | 遥控器定位摆放 | 1 | |
| 26. 加减分 | 26.1 | 同一问题多次出现，重复扣分 | 1.5 | |
| | 26.2 | 发现未实施整理整顿清扫的"7S 未实施整理整顿的死角"，每 1 处扣 1 分 | 10 | |
| | 26.3 | 有突出成绩的事项（如创意奖项），视情况加 1 分 ~5 分 | 5 | |

## 11.2.2 生产区域 7S 管理评分标准

生产区域 7S 管理评分标准见表 11-3。

**表 11-3 生产区域 7S 管理评分标准**

| 项目 | | 序号 | 标准内容 | 分值 | 备注 |
|---|---|---|---|---|---|
| 1. 场所 | 1.1 地面和空间 | 1.1.1 | 移动物品摆放有定位、标识 | 1.5 | |
| | | 1.1.2 | 地面应无污染（积水、积灰、油污等） | 1.5 | |
| | | 1.1.3 | 地面应无不要物、杂物和卫生死角 | 1.5 | |
| | | 1.1.4 | 地面区域划分合理，区域线清晰，无破损 | 1.5 | |
| | | 1.1.5 | 应保证物品存放于定位区域内，无压线 | 1.5 | |
| | | 1.1.6 | 安全警示区划分清晰，有明显警示标识，悬挂符合规定 | 1.5 | |
| | | 1.1.7 | 地面的安全隐患处（突出物、地坑等）应有防范或警示措施 | 1.5 | |
| | 1.2 通道（楼梯） | 1.2.1 | 通道划分明确，保持通畅，无障碍物，不占道作业 | 1.5 | |
| | | 1.2.2 | 两侧物品不超过通道线 | 1.5 | |
| | | 1.2.3 | 占用通道的物品应及时清理或移走 | 1.5 | |
| | | 1.2.4 | 通道线及标识保持清晰完整、无破损 | 1.5 | |
| | 1.3 墙身 | 1.3.1 | 保持干净，无不要物（如过期标语、封条等），无蜘蛛网、积尘 | 1.5 | |
| | | 1.3.2 | 贴挂墙身的各种物品应整齐合理，表单通知归入公告栏 | 1.5 | |
| 2. 设备工具 | 2.1 环境 | 2.1.1 | 无工作垃圾及可燃物、易燃物 | 1.5 | |
| | | 2.1.2 | 应急药品、逃生装置、灭火器、过滤式自救呼吸器等物品可靠摆放，有检查记录 | 1.5 | |
| | | 2.1.3 | 工作环境内照明应完好 | 1.5 | |

续表

| 项目 | | 序号 | 标准内容 | 分值 | 备注 |
|---|---|---|---|---|---|
| 2. 设备工具 | 2.2 警示标识 | 2.2.1 | 安全警示标识正确、完整、无褪色、起边、脱落 | 1.5 | |
| | | 2.2.2 | 正确使用区域线、通道线、定位线、安全警示线 | 1.5 | |
| | | 2.2.3 | 对于存在磕碰及高处坠落风险的地区应设置护栏及安全警示线 | 1.5 | |
| | | 2.2.4 | 轮毂内应安装有限空间作业安全警示标识 | 1.5 | |
| | 2.3 设备状态 | 2.3.1 | 开关设备需标明名称及编号，电气设备需准确命名 | 1.5 | |
| | | 2.3.2 | 电缆外绝缘应完好，牢固绑扎，有清晰的电缆标签 | 1.5 | |
| | | 2.3.3 | 管路、密封圈、法兰等位置无跑冒滴漏现象 | 1.5 | |
| | | 2.3.4 | 固定螺栓应无松动、锈蚀、损坏，并画力矩标记线 | 1.5 | |
| | | 2.3.5 | 设备干净整洁，表面无掉漆 | 1.5 | |
| | 2.4 工具箱、柜 | 2.4.1 | 柜面标识明确，与柜内分类对应 | 1.5 | |
| | | 2.4.2 | 柜内工具分类摆放，明确品名 | 1.5 | |
| | | 2.4.3 | 有合理的摆放方式 | 1.5 | |
| | | 2.4.4 | 各类工具应保持完好、清洁，保证使用性 | 1.5 | |
| | | 2.4.5 | 各类工具使用后及时归位 | 1.5 | |
| | | 2.4.6 | 柜顶无杂物，柜身保持清洁 | 1.5 | |
| 3. 储存 | 3.1 存储和库房 | 3.1.1 | 账物卡一致（每处） | 1.5 | |
| | | 3.1.2 | 摆放区域合理（每处），标识清晰 | 1.5 | |
| | 3.2 容器、货架 | 3.2.1 | 容器、货架等应保持干净，物品分类定位摆放整齐 | 1.5 | |

| 项目 | | 序号 | 标准内容 | 分值 | 备注 |
|---|---|---|---|---|---|
| 3. 储存 | 3.2 容器、货架 | 3.2.2 | 存放标识清楚，张贴于容易识别的地方 | 1.5 | |
| | | 3.2.3 | 容器、货架本身标识明确，无过期及残余标识 | 1.5 | |
| | | 3.2.4 | 容器、货架无破损及严重变形 | 1.5 | |
| | | 3.2.5 | 放置区域合理划分，使用容器合理 | 1.5 | |
| | | 3.2.6 | 库存物品不落地存放 | 1.5 | |
| | | 3.2.7 | 按规定控制温湿度 | 1.5 | |
| 4.电器、消防设施 | 4.1 电器、电线、开关、电灯 | 4.1.1 | 开关须有控制对象标识，无安全隐患 | 1.5 | |
| | | 4.1.2 | 保持干净 | 1.5 | |
| | | 4.1.3 | 电线布局合理整齐、无安全隐患（如裸线、上挂物等） | 1.5 | |
| | | 4.1.4 | 照明设施保持正常、完好 | 1.5 | |
| | | 4.1.5 | 两个开关以上要有控制对象标识 | 1.5 | |
| | | 4.1.6 | 电器检修时需有警示标识 | 1.5 | |
| | 4.2 消防器材 | 4.2.1 | 摆放位置明显，标识清楚 | 1.5 | |
| | | 4.2.2 | 位置设置合理，有黄色警示线，线内无障碍物 | 1.5 | |
| | | 4.2.3 | 状态完好，按要求摆放，外观干净整齐 | 1.5 | |
| | | 4.2.4 | 有责任人及定期点检 | 1.5 | |
| | 4.3 辅助设施 | 4.3.1 | 风扇、照明灯、空调等按要求放置，清洁无杂物，无安全隐患 | 1.5 | |
| | | 4.3.2 | 日用电器无人时应关掉，无浪费现象 | 1.5 | |
| | | 4.3.3 | 门窗及玻璃等各种公共设施干净，无杂物 | 1.5 | |
| | | 4.3.4 | 废弃设备及电器应标识状态，及时清理 | 1.5 | |
| | | 4.3.5 | 保持设施完好、干净 | 1.5 | |
| | | 4.3.6 | 暖气片和管道上不得放杂物 | 1.5 | |

续表

| 项目 | | 序号 | 标准内容 | 分值 | 备注 |
|---|---|---|---|---|---|
| 5.资料、看板 | 5.1 铭牌、文件、记录 | 5.1.1 | 主要区域、房间应有标识铭牌 | 1.5 | |
| | | 5.1.2 | 现场使用文件和记录应有固定的摆放位置，标识明确 | 1.5 | |
| | | 5.1.3 | 作业指导书、记录、标识牌等挂放或摆放整齐、牢固、干净 | 1.5 | |
| | | 5.1.4 | 现场使用的文件和记录无过期现象 | 1.5 | |
| | 5.2 宣传栏、看板 | 5.2.1 | 标牌、资料、记录正确 | 1.5 | |
| | | 5.2.2 | 班组应有看板(如"班组园地""管理看板") | 1.5 | |
| | | 5.2.3 | 干净并定期更换，无过期公告，明确责任人 | 1.5 | |
| | | 5.2.4 | 版面设置美观、大方，标题明确，内容充实 | 1.5 | |
| 6.规范 | 6.1 着装及劳保用品 | 6.1.1 | 劳保用品明确定位，整齐摆放，分类标识 | 1.5 | |
| | | 6.1.2 | 按规定要求穿戴工作服，着装整齐、整洁 | 1.5 | |
| | | 6.1.3 | 按规定穿戴好口罩、安全帽等防护用品 | 1.5 | |
| | 6.2 私人物品 | 6.2.1 | 定位标识，整齐摆放，公私物品分开 | 1.5 | |
| | | 6.2.2 | 水壶、水杯按要求摆放整齐，保持干净 | 1.5 | |
| | | 6.2.3 | 毛巾、洗漱用品、鞋袜等按要求摆放整齐，保持干净 | 1.5 | |
| | | 6.2.4 | 私人物品应集中存放于更衣柜内 | 1.5 | |
| | 6.3 行为规范 | 6.3.1 | 工作场所不晾衣物 | 1.5 | |
| | | 6.3.2 | 工作时间不得睡觉、打瞌睡 | 1.5 | |
| | | 6.3.3 | 无聚集闲谈、吃零食和大声喧哗 | 1.5 | |
| | | 6.3.4 | 不看与工作无关的书籍、报纸、杂志 | 1.5 | |
| | | 6.3.5 | 工作场所不吸烟，无串岗、离岗 | 1.5 | |
| | 6.4 规章制度 | 6.4.1 | 工作区域的 7S 责任人划分清楚，无不明责任的区域 | 1.5 | |

续表

| 项目 | | 序号 | 标准内容 | 分值 | 备注 |
|---|---|---|---|---|---|
| 6. 规范 | 6.4 规章制度 | 6.4.2 | 7S 管理清扫责任表符合区域清扫要求，要按时、准确填写，不超前、不落后，保证与实际情况相符 | 1.5 | |
| | | 6.4.3 | 企业应制定班组"7S 员工考核制度"，并切实执行，保存必要之记录 | 1.5 | |
| | | 6.4.4 | 企业经常对职工（含新员工）进行 7S 知识的宣传教育，并有记录 | 1.5 | |
| | | 6.4.5 | 企业建立经常性的例会制度，场站级每周至少一次，班组每天班前进行一次，并做好例会记录 | 1.5 | |
| 7. 加减分 | | 7.1 | 同一问题多次出现，重复扣分 | 1.5 | |
| | | 7.2 | 发现未实施整理整顿清扫的"7S 未实施整理整顿的死角"，每 1 处扣 1 分 | 10 | |
| | | 7.3 | 有突出成绩的事项（如创意奖项），视情况加 1 分 ~5 分 | 5 | |